Building on Emergent Curriculum

The Power of Play for School Readiness

幼儿园生成课程

通过游戏做好幼小衔接

［美］萨拉·泰勒·瓦诺弗（Sarah Taylor Vanover）／著

方钧君　王凯迪　白莹鑫／译

中国轻工业出版社

图书在版编目(CIP)数据

幼儿园生成课程：通过游戏做好幼小衔接／（美）萨拉·泰勒·瓦诺弗（Sarah Taylor Vanover）著；方钧君，王凯迪，白莹鑫译．—北京：中国轻工业出版社，2024.1（2025.5重印）

ISBN 978-7-5184-4577-6

Ⅰ.①幼… Ⅱ.①萨… ②方… ③王… ④白… Ⅲ.①游戏课－学前教育－教学参考资料 Ⅳ.①G613.7

中国国家版本馆CIP数据核字（2023）第192950号

版权声明

Building on Emergent Curriculum © 2020 Sarah Taylor Vanover. Original English language edition published by GRYPHON HOUSE Inc. P.O. Box 10 6848 Leons Way, Lewisville NC 27023, USA. Arranged via Licensor's Agent: DropCap Inc. All rights reserved.

保留所有权利。非经中国轻工业出版社"万千教育"书面授权，任何人不得以任何方式（包括但不限于电子、机械、手工或其他尚未被发明或应用的技术手段）复印、拍照、扫描、录音、朗读、存储、发表本书中任何部分或本书全部内容，以及其他附带的所有资料（包括但不限于光盘、音频、视频等）。中国轻工业出版社"万千教育"未授权任何机构提供源自本书内容的电子文件阅览、收听或下载服务。如有此类非法行为，查实必究。

责任编辑：张天怡　　责任终审：张乃柬
策划编辑：吴　红　　责任校对：刘志颖　　责任监印：吴维斌

出版发行：中国轻工业出版社（北京鲁谷东街5号，邮编：100040）
印　　刷：三河市鑫金马印装有限公司
经　　销：各地新华书店
版　　次：2025年5月第1版第3次印刷
开　　本：710×1000　1/16　印张：11
字　　数：86千字
书　　号：ISBN 978-7-5184-4577-6　定价：42.00元
读者热线：010-65181109
发行电话：010-85119832　　010-85119912
网　　址：http://www.chlip.com.cn　http://www.wqedu.com
电子信箱：1012305542@qq.com
版权所有　侵权必究
如发现图书残缺请拨打读者热线联系调换
250709Y1C103ZYW

译者序

说到入学准备，你脑子里会跳出什么？准备小学学习物品，了解小学学校和小学生一日生活作息，掌握一些技能——识字、简单的加减计算等，还是会想到更多——好奇心、主动性的保护，专注力、计划性和坚持性等学习习惯的培养？想到的是大班强化训练，还是渗透于幼儿园三年保育教育工作的全过程？

2021年4月发布的《教育部关于大力推进幼儿园与小学科学衔接的指导意见》指出，入学准备不是片面追求某一方面或几方面的准备，更不是对小学知识技能的提前学习和强化训练，而要坚持儿童为本，关注幼儿发展的连续性、整体性和可持续性，科学做好入学准备。具体而言，要做好身心准备、生活准备、社会准备和学习准备几方面的全面准备。

从事幼儿教育的工作者几乎都知道，幼儿园教育要"以游戏为基本活动"，教师要"珍视游戏和生活的独特价值"。这是因为"幼儿的学习是以直接经验为基础，在游戏和日常生活中进行的"。很多教师在观念上认同，但在实践中存在迷茫和困惑，如："孩子在玩，有些该学的东西能学到吗？""孩子在玩，老师什么也不教，还是老师吗？"

游戏有助于入学准备吗？

以游戏为基本活动的幼儿园教育，能做好入学准备吗？我们看一下本书前言中梅根老师的故事。

积木区里的三个男孩摆弄着几块长条积木和几辆由火柴盒制成

的小汽车。当教师听到男孩们谈论他们的车有多快时，她问道："谁的车最快呢？"

孩子们将长条积木排成一排当作赛道，然后倒计时，一起将车推向终点。当哈桑宣布获胜时，教师问："哈桑的车有什么不同？你们觉得他为什么会赢？"她建议圣地亚哥用一些小积木块支撑长条积木的起点一端，于是圣地亚哥赢得了比赛。然后，她又建议贾米尔把他的长条积木起点一端支撑得比圣地亚哥的还要高。这一次，贾米尔获胜了。

男孩们开始意识到，积木的位置正影响着他们赛车的速度。这时，教师提出一个预测性的问题："如果用更多或更少的小积木块支撑长条积木会发生什么？"讨论中，教师引出了"斜面"一词。

多次比赛后，孩子们问教师哪辆汽车赢的次数最多。教师便拿来一张大大的记录表和红、绿、蓝三色的记号笔，说："如何使用这些工具来标记哪辆汽车赢的最多？"之后，教师看到，当蓝色汽车赢的时候，孩子们在纸上画一辆蓝色的汽车。那天的自主游戏时间，三个男孩一直待在积木区里。虽然他们没有可以带回家的实物作品，但当奶奶来接贾米尔时，他说："我做了一个斜面，你知道斜面能让你跑得更快吗？"（Vanover，2020，p.2，有改编）

在以上片段中，三个男孩沉浸在游戏中，快乐而专注。他们尝试着"做"不同的斜面，设法让车子跑得更快。他们在游戏，更是在深度学习。他们获得的不仅是"斜面"这一术语，还有对斜面特性的理解，这是通过操作体验到的，而非外在语言输入的。更重要的是，他们在不断地解决问题，提出一个个假设，一次次验证、观察、调整；他们还在表达，在倾听，在思考……这些都是在入学准备中需要培养的能力。

借由生成课程，用游戏做好入学准备

梅根老师虽然没有直接"教"什么，但是她通过观察幼儿的游戏，捕捉幼儿的兴趣，提出可以激发幼儿探究欲的问题，即时生成课程。借由生成课程，幼儿在游戏中深度学习，不仅是获得"斜面"的知识，更是朝着富有好奇心、积极思考探索、善于表达合作的方向发展，这些都是入学准备乃至终身发展的重要内容。

美国幼教专家卡罗尔·科普尔（Carol Copple）在《生成课程》（*Emergent Curriculum*）一书的前言中指出："'生成课程'这个术语中的每个词的含义都很重要。""生成"，就是强调课程计划必须是从孩子和成人的生活中，特别是从孩子自身的兴趣中生长出来的，意味着孩子需要有自由游戏和学习的空间。而"课程"则表明教师的存在，计划的存在。

由此可见，生成课程的基础是游戏，生成课程尊重幼儿的兴趣和需求。如果我们相信幼儿能够通过游戏学习，通过游戏发展身体动作技能、语言、认知、社会情绪、问题解决能力、创造力等，我们就应该为幼儿提供自由游戏的机会、环境和时间。此外，生成课程是对幼儿兴趣和发展需求的回应，遵循幼儿的兴趣制订课程计划、创设环境。

我们从这本书中可以获得什么？

如果你是教师

- 可以走近生成课程，了解生成课程的诸多益处，破除对生成课程的一些错误认识，接纳生成课程，看到如何借由生成课程，用游戏做好入学准备。

- 知道如何从游戏中生成课程，全方面地培养幼儿入学准备所需要发展的各种能力。
- 知道如何向家长阐释生成课程。

如果你是家长

- 刷新对游戏、生成课程和入学准备的认知。认识到可以在日常生活中开展各种各样的游戏，即使不做练习册，孩子也能在家里的诸多游戏活动中为入学做好准备。
- 了解孩子入学准备中的各项技能，并且认识到孩子发展的阶段性和连续性。
- 学习如何在游戏中提升孩子各项技能的策略。

如果你是幼儿园管理者

- 为教师实施生成课程提供相关的培训支持。
- 提供家园沟通新思路。

本 书 概 览

第 1 章至第 2 章，认识生成课程。相比于单元主题课程的缺陷，如缺乏创造性表达、丧失一些重要的学习机会、所学习的主题可能与幼儿兴趣不一致等，生成课程基于幼儿的兴趣和能力，并据此开展课程规划，幼儿可以从中体验到深度学习，从而帮助他们成长为具有好奇心的、积极进取的、善于表达的思考者，为入学做准备。可以带着以下问题阅读这两章，即什么是生成课程（what），为什么实施生成课程（why），怎样实施生成课程（how）。

第 3 章至第 4 章，生成课程与游戏及其他课程模式的融合。游戏是生成课程的一个重要组成部分，或者说，生成课程是以游戏为基础的。对幼儿而言，游戏为何必不可少？在第 3 章我们会看到，游戏（包括戏剧游戏、脏乱游戏）对于幼儿运动、语言、认知、社会情绪等各领域的发展具有哪些益处。教师不必因为手头现有的课程而拒绝生成课程，因为生成课程可以与很多高质量的课程融合，如学前创造性课程（The Creative Curriculum for Preschool，以下简称"创造性课程"）、高瞻课程（HighScope Curriculum）等。

第 7 章至第 11 章，运用生成课程为入学做好全面准备。第 7 章阐述了生成课程可以为入学做好全面的准备，包括健康与身体发展，语言与沟通，社会情绪发展、独立性和自我调节，认知与前学业技能，好奇心和问题解决等。第 8 章至第 11 章，具体阐述了如何运用生成课程培养幼儿的社会情绪能力、书写能力和问题解决能力，以及如何利用重视过程的艺术创作丰富生成课程。

同时，在第 5 章至第 6 章，我们会看到，如何面向教师开展生成课程的培训以及如何向家长阐释生成课程。

致　　谢

感谢本书的策划编辑吴红老师，他将书稿带到我们面前，并在整个翻译过程中给予了我们无限的信任和支持。

感谢翻译团队的所有成员。本书由上海师范大学方钧君、王凯迪和白莹鑫共同翻译。其中，第 1 章至第 2 章由方钧君翻译，第 3 章至第 7 章由王凯迪翻译，第 8 章至第 11 章由白莹鑫翻译。最后，由方钧君统稿译校。

因为时间和能力所限，翻译恐有差错或疏漏。欢迎您的指正和反馈，本书译者的电子邮箱为 fangjj@shnu.edu.cn。

方钧君

前　　言

故事1：梅根的生成课程

几年前，我作为课程指导教师，在观察"开端计划"（Head Start）课堂时，有幸注意到一位叫梅根的教师。那天，梅根和助教制订了一份关于生物和非生物主题的课程计划。她在数学区开展分类活动，在其中投放了一些小型的动植物及家居用品的塑料模型，幼儿可以对这些材料进行分类；沙盘里面有假化石，幼儿可以将其挖出来；助教在美术区指导幼儿进行拼贴活动，幼儿需要从杂志上剪下生物和非生物的图片。

观察期间，我注意到积木区的三个男孩：圣地亚哥、贾米尔和哈桑。他们的声音越来越大。我虽然不清楚到底发生了什么，但是注意到他们正在摆弄着几块最长的积木（约60厘米），还看到几辆由火柴盒制成的小汽车从该积木区疾驰而出，冲向其他孩子的操作区域。

与一些幼教工作者的做法不同，梅根没有立马打断他们。相反，她站在后面观察了几分钟。当听到男孩们谈论他们的车有多快时，她在他们身旁坐下并问道："谁的车最快呢？"我走近细看，发现男孩们在用长条积木作为汽车的赛道。

梅根问她是否可以观看下一场比赛，男孩们同意了。他们将长条积木排成一排当作赛道，开始倒计时，然后一起将车推向终点。当哈桑宣布获胜时，梅根向三个孩子提出了几个问题，以激发他们的批判性思考："哈桑的车有什么不同？""你们觉得他为什么会赢？"然后，她提议让圣地亚哥用一些小积木块支撑长条积木的起点一端，于是圣地亚哥赢得了比赛。男孩们开始思考，为什么会出现这样的结果。紧接着，梅根又让贾米尔把他的长条积木的起点一端支撑得比圣地亚哥的还要高。这一次，贾米尔获胜了。

这时，男孩们开始意识到积木的位置会影响他们赛车的速度。梅根又让他们预测，如果用更多或更少的小积木块支撑长条积木会发生什么？讨论过后，梅根引出了"斜面"一词，让男孩们知道他们正在做的事情有一个学名。

当男孩们重复开展比赛时，他们问梅根哪辆汽车赢的次数最多。梅根拿来一张大大的记录表和红、绿、蓝三色的记号笔，让男孩们思考如何使用这些工具来标记哪辆汽车赢得最多。于是，每当蓝色汽车赢的时候，他们就开始在纸上画一辆蓝色的汽车。这时，梅根离开了积木区，开始和活动室里的其他幼儿互动。

圣地亚哥、贾米尔和哈桑一直待在积木区，直到 25 分钟后自主游戏时间结束才离开。他们没有和助教一起完成拼贴活动，也没有人想要把这张记录表分成三份，所以他们没有可以带回家的实物作品。但是，当贾米尔的奶奶来园里接他并询问他当天做了什么时，贾米尔回应道："我做了一个斜面，你知道斜面能让你跑得更快吗？"

故事 2：妮科尔的主题式课程

之后，我观察了教师妮科尔的"开端计划"课堂。她对学生和教学尽心尽力，获得了家长和同事的一致好评。我十分荣幸可以观察她的课堂教学。

在孩子们到来之前，我就进入了活动室。一进来我就注意到活动室里五彩缤纷，还悬挂着琳琅满目的材料，有些是孩子们的艺术作品，有些是成人制作的海报，上面写着鼓励的话语，如"今天记得对你的朋友微笑哦"或"温柔的手能收获平静的一天"。每个学习区的项目和材料都与当前的课程主题——树木相关。

- 艺术区：纸、胶棒和许多不同的剪纸作品（棕色的树干、绿色的叶子、黄色的太阳等），供幼儿组合并将图案粘在纸上，以显示树的生命周期。已完成的示例被展示在桌子的后面。
- 感官桌：橡果、树枝、树叶，供幼儿制作自己的树。
- 科学区：盆栽土、种子、美术纸、胶水，供幼儿创作关于种植的图画。已完成的示例被展示在科学区。
- 戏剧游戏区：墙上附着一棵纸塑的树，天花板上挂着人造叶子，创造出一处"森林"的效果。

早上入园时，妮科尔问候着家长，孩子们则放好书包径直走向地毯处集合，在那里耐心地等待着教师。显然，活动室里有一套行之有效的常规。妮科尔来到地毯上，和孩子们唱了两三首歌，然后读了一本书。这本书讲述了一棵名为蒂米的树在每个季节的变化。接着，她又介绍了活动室里各个区域的活动，并将每个孩子分配到一个区域中，活动时间为15分钟。助教亚丝明在艺术区帮助孩子们制作生命周期图片，妮科尔到科学区协助孩子们粘泥土和种子。

可以看出，孩子们非常喜欢妮科尔。当她来到科学区坐下时，那里的四个孩子争相挤在她周围，都想坐得离她更近点。妮科尔开始向他们解释如何完成这项科学活动。当一个孩子把手伸到装有盆栽土的袋子里时，妮科尔立刻纠正他，让他把手放回膝盖上。当另一个孩子没有按照要求使用胶水瓶时，她又手把手地帮他把胶水涂在纸上。每解释完一个步骤，妮科尔总是等待所有孩子都完成指令动作后，再进入下一个步骤，这就意味着有些孩子必须等待几分钟才能继续下一项操作。有一个孩子离开了桌子，从科学架上拿了一些放大镜，但妮科尔站起来把放大镜放回架子上，并带他回到了桌边。

同样的事情也发生在艺术区。助教亚丝明把各种各样的剪纸样式发给孩子们，让他们练习制作这些剪纸。如果有的孩子不能按照提供的样式制作，亚丝明就会手把手地帮助他。当所有人都可以正确制作剪纸后，她给每个孩子一根胶棒，让他们把这些剪纸固定在纸上。在这一过程中，孩子们要一直坐在那里等待，直到所有人都完成任务。

15分钟后，孩子们轮换到另一个区域，同样的过程又开始了。这样，在两位教师的带领下，每个孩子至少听了两次关于树木生命周期的讨论，并且他们那天至少可以带回家两件作品，但是这些孩子到底学了多少呢？

为什么会存在差异

在某种程度上，妮科尔的课堂教学（无意间）欺骗了同事和家长，原因如下。

- 每个人都可以看到妮科尔为班级环境创设所做的大量工作。
- 课程主题在班级中也得到了很好的体现。
- 幼儿经常带作品回家，作为他们学习的证据。

家长没有意识到，妮科尔的教学方式并没有真正地为幼儿入学做准备。在妮科尔的教育中，幼儿学习的是遵守时间和听从指令，这是小学阶段的重要技能。但是这样的教学形式没有让幼儿练习其他的关键技能，如切割、黏合、同伴交流、创造性地解决问题等。

另外，在妮科尔的课堂教学中，幼儿也没有机会探索和发展创造力。每个区域仅有一项活动，幼儿别无选择，只能参与其中。树木的主题似乎也并不符合幼儿的兴趣，并且当幼儿看向无关材料或不以教师预期的方式使用材料时，教师会立即在口头或行动上纠正他们。更糟糕的是，这些任务对孩子们来说没有挑战性，他们只是简单地复制教师已经完成的内容。

另一位教师梅根也制订了详细的课程计划并安排了活动。然而，她允许幼儿自由使用材料，她会花时间观察什么能够引起幼儿的兴趣并且根据他们的需求调整计划。换句话说，她的课堂使用了生成课程的模式。梅根与圣地亚哥、贾米尔、哈桑的即兴课程结合了问题解决、高级语言、同伴互动、科学方法（提出假设，验证假设，记录结果）等关键技能。她不仅会用复杂的问题引导幼儿，而且懂得在适当的时候退后，让孩子们自己想办法。圣地亚哥、贾米尔、哈桑对这项活动感兴趣并乐在其中，与被迫参加主题活动相比，他们在这样的活动中更有可能获得发展。在一天的课程结束后，男孩们虽然没有获得学习的实物证据，但是学到了可以应用到未来许多课程中的新概念。

在观察了这两种课堂之后，我发现梅根的学生比妮科尔的学生表现出更高的学习水平。我也开始思考，家长们如何看待这两种课堂教学形式。梅根和妮科尔都为幼儿花费了大量的时间和精力，但是梅根关注的是幼儿的兴趣而非她自己对课程内容的想法。这是生成课程的核心原则：遵循幼儿的兴趣，使课程更具吸引力，从而促进幼儿的深度学习。教师和家长都应认识到，深度学习并非总会有具体的产物。它需要幼儿进行对话、接触新词汇、动手探索与实验才能发生。

本书的写作目的

本书的写作目的就是要说明如何像教师梅根一样教学。本书将阐释如何使用生成课程开展以游戏为主的项目式活动。我们将发现，在制订课程计划、进行环境创设时，教师和幼儿是如何从遵循幼儿的兴趣中受益的；我们也将探索如何观察和了解幼儿的兴趣及能力，并据此规划课程，而不是年复一年地重复使用相同的教案和材料。

此外，本书还将展示如何让幼儿在不创造实物的情况下体验深度学习，探索记录幼儿学习的新方法，以及如何帮助家长形成对这种学习的新期望。当成人做出这些改变时，幼儿可以体验到深度学习，从而帮助他们成长为具有好奇心的、积极进取的、善于表达的思考者，为今后入学做好准备。

目 录

第1章　幼儿园单元主题教学 / 1
什么是单元主题教学 / 1
为什么单元主题教学如此受欢迎 / 2
单元主题教学的缺陷 / 5
如果不使用单元主题教学，该怎么办 / 9

第2章　生成课程 / 17
采用生成课程的班级是什么样呢 / 17
对生成课程的常见误解 / 28

第3章　游戏的重要性 / 39
为什么游戏必不可少 / 39
游戏的衰退 / 42
戏剧游戏的益处 / 43
脏乱游戏的益处 / 45
对游戏的认知 / 48
游戏如何惠及整个家庭 / 49
鼓励在家中开展游戏 / 49
游戏、生成课程和入学准备 / 50

第4章　"我们已经有课程了" / 53
生成课程与高瞻课程的融合 / 53
生成课程与蒙台梭利学前课程的融合 / 54

生成课程与创造性课程和教学策略 GOLD 的融合 / 54

第 5 章　生成课程中的教师培训　/ 59
阐明生成课程的益处　/ 60
激励经验丰富的教师追随幼儿的步伐　/ 60
培训新手教师，让他们追随幼儿　/ 66
留任访谈　/ 71
当教师离职时　/ 71

第 6 章　向家长阐释生成课程　/ 75
了解家长的期望　/ 75
让家长了解班级里发生了什么　/ 76
改善班级的沟通情况　/ 79
召开有效的家长会　/ 83
使用照片记录　/ 86

第 7 章　运用生成课程做好入学准备　/ 89
入学准备的基础　/ 90
健康与身体发展　/ 93
语言与沟通　/ 95
社会情绪发展、独立性与自我调节　/ 96
认知与前学业技能　/ 99
好奇心与问题解决　/ 100

第 8 章　生成课程与幼儿社会情绪能力的发展　/ 107
幼儿社会情绪发展的概述　/ 107
促进社会情绪发展的方法　/ 110

在班级中教授关键的社会情绪技能 / 113

第 9 章　生成课程与幼儿书写能力的发展 / 123
设定切实的目标 / 123
为学习书写做准备 / 125
向纸和笔过渡 / 131
幼儿拒绝书写，怎么办 / 132

第 10 章　生成课程与幼儿问题解决能力的发展 / 135
皮亚杰理论 / 135
培养好奇心和学习兴趣 / 138
培养问题解决能力的方法 / 141

第 11 章　利用重视过程的艺术创作丰富生成课程 / 149
什么是艺术 / 149
鼓励重视过程的艺术创作 / 150
艺术工具 / 151
教重视过程的艺术创作 / 153
手工艺品和涂色纸 / 154

参考文献 / 157

第1章
幼儿园单元主题教学

本书的主书名是"幼儿园生成课程",那么为什么要从"单元主题教学"开始呢?打个比方,你去一个陌生的城市看望朋友,当你离朋友家还有20分钟时,导航出现故障了,这时你需要给朋友打电话问路。她的第一个问题可能是:"你现在在哪儿?"因此你需要准确了解自己的起点位置,这样你的朋友才能引导你到达目的地。

在学习生成课程的过程中,单元主题教学就是我们的起点。它是制订学前教育课程计划颇为流行的方法之一,可能你在职业生涯的某个阶段使用过它,也可能你现在还在使用。本章探讨了什么是单元主题教学,为什么如此多的教师使用它,为什么它不适合作为一种幼儿教育方法。

什么是单元主题教学

为了创建一个基于主题的单元活动,教师需要选择一个可以持续聚焦一到两周的主题,并围绕该主题计划这段时间内所有的班级活动。几年前,这一主题可能属于异想天开的类型,如马戏团,但今天的幼儿园往往使用科学或社会方面的主题,如邻居、社区帮手或生命周期等。接下来,教师会查看课程计划中的每个内容领域(如艺术、戏剧游戏、精细动作、读写、音乐和数学等),为每个领域选择与主题相关的活动。例如,如果单元主题是社区帮手,那么在课程计划中，本周选择的所有音乐都将集中于消防队员、公交车司机、邮递员等角色，教师可能会在戏剧游戏区添加医生、杂货店店员、公园管理员等角色的服装，也可能在图书角放置一些与厨师、教师和理发师相关的图书。活动室里的其他区域也将围绕相应的主题进行布置。

为什么单元主题教学如此受欢迎

我们为什么通常使用单元主题教学法来教育幼儿？主要是因为主题可以使课程计划变得简单。我们可以提供给幼儿的活动几乎是无限的，但是如果教师能够明确活动必须与某个主题（如季节）相关，那么他就可以毫不费力地在众多活动中做出选择。除了这一关键因素，单元主题教学的流行也受到如下一些发展趋势和关注点的多重影响。

幼儿园越来越关注学业

美国学前教育的历史始于 1965 年，当时联邦政府首次针对贫困儿童实施"开端计划"项目。由于只有少数儿童才有资格获得"开端计划"的服务，各个州便开始实施自己的计划，以期为更多低收入家庭的儿童提供服务。20 世纪 80 年代，美国劳工部妇女局（Women's Bureau of the US Department of Labor）指出，各社会经济阶层中外出工作的女性比例逐年上升。因此，幼儿园在美国各地更为普遍。这些机构侧重于保障儿童的健康和安全，同时重视培养儿童的社会情绪能力。直到十多年后，幼儿的前书写和前运算能力才成为幼儿园的重点。

1998—2010 年，弗吉尼亚大学与美国教育部开展了一项研究，调查学前班①儿童的学习要求。研究者达夫纳·巴索克（Daphna Bassok）、斯科特·莱瑟姆（Scott Latham）和安娜·罗勒姆（Anna Rorem）称，在这12年间，学前班的学业内容不断增加。例如：握笔、写自己的名字、读出简单的字、识别数字、做简单的加法。主要是因为在这一时期，标准化测试在小学变得越来越重要。学习强调的是在考试中获得高分，这无疑刺激着学校开始更早地教授学业知识，让儿童有更多的时间在参加标准化考试之前进行练习，从而获得更高的分数。与此同时，学前班开始更频繁地使用练习册，活动室里的游戏区域也比前些年少了很多。

随着入学要求的增加，幼儿园对此做出回应。幼儿园为幼儿的入学做好准备，幼儿教师开始关注小组活动，在活动中每名幼儿都完成同样的任务。因为教师要教的知识太多，要教的幼儿也很多，不管每名幼儿的个人能力如何，这种小组活动形式都可以确保他们听到相同的信息。虽然大多数幼儿教师还没有使用练习册，但是很多教师要求幼儿在艺术活动中使用同样的方法排列预先做好的材料，创造出几乎相同的作品。

与此同时，家长越来越关注幼儿的入学准备。他们希望幼儿可以学习更多学业内容，如书写和前阅读技能，而不是仅仅参加集体游戏和轮流。另外，在此期间，许多家长开始选择全天托育，工作日的大部分时间与幼儿是分离的。因此，他们想了解幼儿每天都在做什么。这一趋势导致家长不仅希望而且盼望幼儿把学习资料和艺术作品带回家，并以此衡量幼儿的学业成就。

---

① 英文为kindergarten，属于美国的小学体系，主要针对5—6岁儿童，相当于我国幼儿园中的大班。——译者注

以往的教师培训

20世纪90年代,许多资深的幼儿教师经过培训后将"大组活动"(large-group)或"圆圈时间"(circle time)视为教育幼儿的主要途径。教师围绕选定的主题,使用故事书、舞蹈、歌曲、手指游戏来完成大部分的教学工作。这样在理论上,无论具体开展什么活动,所有幼儿都能学到所需要的内容。尤其是艺术项目必须围绕主题,这或许是因为大多数幼儿都会参与日常的艺术活动,也或许是因为完成的作品可以被带回家给家长,以展示幼儿在园中所学的知识。

教师、管理者和家长的期望

教师自身的期望促使其使用单元主题教学。首先,他们可能在自己的童年早期体验过这种教学方式。其次,至少在美国,流行文化倾向于将幼儿教师描绘成在色彩鲜艳的活动室里工作、享受音乐和艺术的快乐的成人。电影、电视节目、书籍里的教师会在节日里制作漂亮的板报、拥抱孩子们、送家长彩色的手印火鸡。而这些描述通常展现了教师创设的使用单元主题的课堂。因此,即便教师想以不同的方式行事,这种无所不在的媒体信息也强烈地影响着他们。

管理者也在助推单元主题教学的使用。例如,某所幼儿园可能要求教师必须使用特定的主题课程。这种课程可以被用于召集家长为教师提供整个学年与幼儿沟通的各种主题。这种方式可以让管理者和家长都放心地认为,幼儿会学到各领域的内容,为入学做好更充分的准备。

家长的期望以另一种方式推动了单元主题教学的使用。当家长支付了全天的托育费用时,他们可能需要具体的证据来证明这笔钱每天都花在了什么地方。因此,家长和管理者可能要求教师选择那些可以产生具体实物的活动,以便幼儿把作品带回家。单元主题教学可以让教师很容易地开展这些活动。不幸的是，学前教育专业人员教授的一些重要内容，如解决问题、数学或科学概念，通常不会产生实物作品。

DIY 时代的教师

长期以来，学前教育的标准一直是单元主题活动。我们可以发现，许多课程用书都包含预先计划好的两周课程，包括活动室里每个区域的主题活动。这些书吸引了很多忙碌的教育工作者，特别是那些为课程计划感到疲惫不堪或课程经验不足的教师。有了这些可以利用的资源，谁又能责怪这些教师不愿意开发新的课程呢？

这些书融入了流行的"自己动手做"（do-it-yourself，DIY）运动，对教学产生了耐人寻味的影响。在许多DIY活动中，有人制定了分步操作指南，以展示一个项目可以有多么简单，从家庭装修到蛋糕装饰，再到艺术、手工艺以及园艺。这些操作指南一旦以视频或帖子的形式被发布到网站上，任何人都可以在家里重现这个项目。

DIY运动让无数人有信心去开展以往令人生畏的项目，包括教学。只要将DIY资源和单元主题相结合，就可以快速制订出课程计划。教师只需打开网站搜索，如"简单的幼儿园自然活动"，就可以立即找到自己想要的点子和项目，这通常还附有说明和完成的样品图片，而教师只需决定哪天开展哪项活动即可。

单元主题教学的缺陷

虽然单元主题教学是传统且流行的活动方式，但它并不是教育幼儿的最佳方式。让我们来探究其中的原因所在。

缺乏创造性表达

案例研究:"有创意的"恐龙艺术

教师瓦尼想开展以"恐龙"为主题的艺术活动。她通过搜索网站发现了一个活动,即把剪下来的形状粘在一张纸上,制作出一只恐龙。于是,瓦尼剪了很多相同的形状,以确保每名幼儿都拥有一套完整的材料。然后,她把一只完整的恐龙粘贴在纸上,挂在美术桌旁。第二天,她指着艺术区的成品,对幼儿说道:"现在轮到你们来做恐龙了,就像那个一样。"

这种DIY风格的艺术活动的问题在于,它使活动失去了创造性的表达。DIY项目并不能真正创造出新的东西,它只是在复制别人的作品,以期产生相同的结果(这在幼儿园的活动室中几乎是不可能发生的)。在上述案例中,幼儿有相同的剪纸,瓦尼期望他们参照成品,"依葫芦画瓢"似的组装自己手中的剪纸,以期取得相同的结果。这个过程不需要任何创造性;事实上,它阻碍了个体的表达,因为如果幼儿不按照瓦尼的方式摆放剪纸,他们制作的恐龙就是"错误"的。

丧失的学习机会

虽然瓦尼的课程确实教会了幼儿要遵循指令,但是幼儿没有获得任何艺术能力。他们没有机会使用粉笔、颜料、蜡笔等材料,因为瓦尼的举例中不包括这些内容。他们也无法使用各种各样的艺术工具(画笔、画架等)来发展精细动作技能,甚至不能练习使用剪刀,因为瓦尼已经提前给他们剪好了。

幼儿组装好恐龙之后，瓦尼把它们粘贴在活动室的外墙上，供家长观看。通常情况下，家长很乐意看到这些实物作品，并且会将其带回家保存。然而，他们没有看到在制作这些作品的过程中幼儿所失去的学习机会。

同样，一个主题尽管可以将班级里所有的活动联系起来，但也可能产生许多重复的活动，活动间可能仅有细微的差异。这些过多的努力也会挤掉新的学习机会。

案例研究：沙盘问题

教师布伦特很难找到将沙盘与主题联系起来的方法。他经常在沙盘里藏一些小的塑料玩具，如森林主题活动中的林地生物、交通工具主题活动中的汽车。虽然幼儿乐于寻找这两种类型的玩具，但这两个活动都只涉及精细动作技能的发展。因此，幼儿从一个单元到另一个单元并不能真正学到新的东西，他们也可能会因此变得无聊。

同时，布伦特并没有真正利用沙盘中的某些学习机会，只因那些活动不适合他今年的活动主题。例如，幼儿可以通过在量杯和其他容器里装沙子来学习体积与测量，但是布伦特看不出这些活动与森林、交通工具或其他主题单元有什么关系。因此，他认为这种活动是浪费时间，也从不给幼儿提供这类活动。

与幼儿的兴趣不一致

严格意义上的单元主题教学要求所有的班级活动都要与主题相关，且无论班级幼儿是否想要了解该主题，都要参与其中。如果幼儿对班级活动不感兴趣，那么他们会试图创造自己的乐趣，而这通常不是教师所认为的乐趣。

案例研究：昆虫单元出问题了

教师萨蒂娜安排了一个为期两周的昆虫主题单元。科学区摆放有放大镜和她发现的昆虫尸体，图书角放置了《好饿的毛毛虫》①（The Very Hungry Caterpillar）等书。但是，从这个单元一开始，就有几个孩子拒绝参与，尖叫着大喊："恶心！虫子太恶心了！"更糟糕的是，仅仅几天之后，班上的其他孩子就对昆虫活动失去了兴趣。萨蒂娜还要应付孩子们的种种挑战性行为，如扔玩具、攀爬家具、把书当帽子戴等。

在单元主题教学中，幼儿在每个学习区都会接触到相同的主题概念（例如将字母积木放在积木区，将塑料字母藏在沙盘里），因此单元主题教学可以起到强化概念的作用。但是，如果幼儿根本不愿意参与这些活动，那么这些相互关联的内容就都是没有意义的。为避免这一问题，教师应密切关注幼儿的兴趣，并根据幼儿兴趣的变化不断更新材料。如果能够开展吸引幼儿的活动，那么无论这些活动是否与特定主题相关，他们都会学习。

关于手工艺品的说明

本节的重点并不是说不应该让幼儿制作手工艺品，用手印火鸡等作品作为偶尔的节日礼物，家长会很喜欢它们。但是，除了我们已经讨论过的问题之外，手工艺品还有一些其他的缺点，会使日常教学产生问题。

- 在想到很多有关手工创意的可行点子时，你花在选择手

---

① 该书的简体中文版已由明天出版社于2017年出版。——译者注

> 工艺品上的时间将远超过让幼儿完成作品的实际时间。
> - 许多手工艺品要求你提前制作材料（如剪纸），这大大增加了你的工作量。
> - 如果某件手工艺品对幼儿来说过于复杂，导致幼儿无法独立完成，你就必须全程指导幼儿的这一制作过程，而无法指导和协助其他幼儿。
>
> 我们会在第11章进一步探讨这一问题。

如果不使用单元主题教学，该怎么办

如果单元主题教学不是最佳的教学方式，那么最佳的教学方式又是什么呢？可以参考以下指导原则。

- ◆ 平衡主题式活动和开放式活动
- ◆ 选择对幼儿有意义的主题
- ◆ 使用开放性材料和对话
- ◆ 采用生成课程，做好入学准备

平衡主题式活动和开放式活动

单元主题教学本身没有问题。事实上，当幼儿对某一主题有强烈的学习兴趣时，这种方式是很有效的。因此，正确使用单元主题教学的关键在于根据幼儿而不是教师的兴趣来选择主题，并且要避免班级中每项活动都围绕一个主题进行。真正有效的班级教学能够平衡主题式活动和开放式活动，并最大限度地提高幼儿学习和解决问题的能力。这一做法具有以下几方面的作用。

让所有幼儿都参与其中

并非所有幼儿都想了解恐龙、交通工具或者你选择的某一主题。教师可以为幼儿提供中性的、富有创造性的材料，以吸引所有幼儿都参与活动。这样，无论幼儿是否选择参与主题式活动，他们都可以通过其他材料进行学习。

避免方枘圆凿

有些活动虽然对幼儿来说很重要，但与主题并不协调。例如，混合颜料这一活动是幼儿园的一种典型活动，可以帮助幼儿了解色谱，识别因果关系，但是如果你将这一活动强行纳入某一主题中，非但不会给幼儿带来额外的好处，还会给自己增加工作量。

假设你们班正在学习汽车的移动问题。为了将颜料混合活动融入这一主题中，你可能会裁剪30~40个纸汽车，让每名幼儿在汽车的一端放一匙颜料，在另一端放另一种颜料，再把汽车对折，然后将其展开以查看汽车的颜色。这项活动虽然确实将颜色和汽车结合起来了，但是并没有提供其他学习内容。教师花了大量的时间制作汽车，幼儿也看到颜色混合了，但是幼儿不一定明白为什么会发生这样的事情，也不知道这一现象是怎么发生的，那么幼儿真正学到了多少呢？

相比而言，采用非主题化的方式开展颜料混合活动所需的工作量要少得多，在实现相同目标（学习因果关系和色谱）的同时可以带来额外的好处。例如，你可以把空的密封袋和三原色颜料放在桌子上，然后鼓励幼儿将两种颜料放进一个袋子里密封起来，摇晃几下，看看会发生什么。在这一过程中，孩子们会对自己创造出的新颜色充满期待，他们还能观察到颜色组合的过程。另外，通过巧妙地利用这些颜料袋，教师还可能吸引那些一贯排斥脏乱游戏（messy play）的幼儿，使他们也主动参与这一活动。

提供舒适感

一些开放性材料可供幼儿重复使用,且不需要满足成人的期望,所以它们可以给幼儿带来舒适感。例如,幼儿安静地坐下来、毫无负担地搭积木。因此,应该在活动室里多提供开放性材料。

选择对幼儿有意义的主题

在选择主题时,要选择与班级幼儿相关的主题。例如,如果幼儿从未接触过马戏团,但教师为其设计了一个为期两周的马戏团主题单元,那么幼儿可能不会参与这一主题活动中。只有当幼儿对主题有所了解,并且渴望更多地了解这一主题时,这个主题才是最有效的。在这种情况下,教师一旦选定了主题,就需要决定哪些活动应该与主题相关,哪些活动应该是开放式的。一般而言,科学活动和社会研究活动很容易与主题相关联,艺术活动和建构游戏很容易是开放式的。

例如,在"冬眠"的单元主题下,可以在戏剧游戏区开展手电筒游戏,也可以开展科学活动,如探索不同类型的食物及其对身体产生的不同影响(疲劳感、精力充沛等)。教师可以为圆圈时间选择一本关于冬眠的书,同时利用其余的活动时间鼓励幼儿自主探索,帮助每名幼儿实现各自的目标。活动室里的图书角有各种主题的、可以吸引所有幼儿的图书;艺术区的重点在于让幼儿学习使用不同类型的材料,如手指画材料、水彩画材料,而不只是画熊或者其他冬眠的动物。

使用开放性材料和对话

为了评估学前教育机构的质量,美国弗吉尼亚大学教与学高级研究中心的研究者们于2008年开发了课堂评估系统(Classroom Assessment Scoring System,CLASS)。这一系统关注教师与幼儿之间的互动。具体而言，它引导教师避免开展那些要求幼儿以特定方式达到特定结果的活动，鼓励教师使用开放式问题与幼儿进行头脑风暴。这些活动（而非艺术项目中的成品或书写样本等）成为教师教育幼儿和衡量幼儿学习的工具。

案例研究：意料之外的艺术课程

最近，教师伊莉萨的课程主题是宠物，她计划让孩子们在今天的艺术活动中用骨头形状的海绵作画。但是，到了幼儿园的时候，她突然意识到自己将海绵落在家里了。在孩子们到园之前，她只有15分钟安排当天的活动，因此她需要迅速想出一个不一样的艺术活动。她把昨天调好的蛋彩颜料、美术纸、画笔放在美术桌上。她在移动周围物品的时候，随手将一罐牙刷放在美术桌上。然后，她忘了在一天的课程开始前将罐子放回到柜子里。

上午，伊莉萨注意到她的助教卡米娅在与4岁的安东尼交谈。安东尼一手拿着画笔，一手拿着牙刷画画。伊莉萨走近一听，安东尼正在告诉卡米娅这两支画笔移动方式的不同。

安东尼：（先移动画笔，然后移动牙刷）这把刷子发出"嗖嗖"声，但是可以前后移动。

卡米娅：为什么这把刷子会发出"嗖嗖"声？

安东尼：（用画笔流畅地滑动了一下）这把刷子的刷毛是一起移动的，另一把刷子的刷毛是分成几簇的，但这把刷子的刷毛是一整簇的。

这段简单的对话表明，安东尼开始注意到两个工具之间的明显差异，但预先设定的艺术活动可能无法让他进行这样的比较。当我们在班级中使用简单的材料并鼓励幼儿自由探索时，他们通常会创造自己的课程。教师促使幼儿进一步探索，也可以提问，但通常情况下，幼儿天生的好奇心就是最好的导师。

使用开放性材料

为了促进幼儿创造力的发展，许多幼儿园已经开始使用开放性材料，即那些没有特定用途的材料。幼儿可以使用开放性材料进行构建、设计、排列、组合和组装。开放性材料包括木质线轴、石头、棍子、积木、珠子、干豆、小塑料制品等。无论具体材料是什么，教师都不会告诉幼儿如何使用它们。因此，我们鼓励幼儿自主创造和探索这些材料，无须实现特定的目标。有时候，幼儿会在艺术活动中使用开放性材料，并将其作品带回家与家人分享，但在大多数情况下，幼儿会在幼儿园组装和拆卸他们的作品。

开放性材料的使用，意味着幼儿园活动室里的材料开始由教师主导转向幼儿主导。幼儿选择如何使用材料的机会越多，练习解决问题的机会就越多。

案例研究：开放式纸板箱

教师迭戈在戏剧游戏区放了几个空纸板箱，还有一些材料，如记号笔、胶带等。但是他没有明确指定游戏主题或活动，孩子们可以用这些纸板箱创造任何他们想要的东西。

那天的晚些时候，孩子们想用这些箱子造一个房子，结果房子塌了。为鼓励他们思考，迭戈提出一些问题，如："你们认为房子为什么会塌呢？""怎样才能使房子更坚固呢？"这些问题可以帮助孩子们对所发生的事情做出假设，并让他们自己解决问题，而不是具体地指导他们以某种方式建造（比如，告诉幼儿"它需要四面墙和一个屋顶"）。

关于开放性材料的更多建议

一旦幼儿在活动室里的一两个区域中开始使用开放性材料，你就可以考虑在整间活动室里增加这类材料。例如，教师可以在建构区添加石头、树枝、橡子以及其他天然材料（需要先清理掉污垢或碎屑，并且让幼儿在玩过这些材料后洗手），而不只是用从商店买来的积木。这样，幼儿既可以单独使用天然材料，又可以将天然材料与积木组合使用。

这并不意味着，在活动室里只能使用开放性材料，而只是表明，如果材料是为开展某些指导活动而准备的，那么你开展活动的方式就会不同于严格意义上的单元主题活动。例如，扎拉想让幼儿了解沉/浮的材料，她就可能在水池附近投放弹珠、塑料板等物品。在严格意义的单元主题教学中，她可能只是让幼儿猜测弹珠是否会下沉。但是，如果扎拉同时使用主题式活动和开放式活动，那么她可能会让一名幼儿将一颗弹珠放到水里，然后让其他幼儿猜测弹珠为什么会下沉。我们希望，所有幼儿从三四岁开始使用这种科学的学习方法。

每名教师都有责任促进幼儿的大脑发展，培养幼儿的创新思维。因此，教师必须改变传统的观点——教师的工作就是告诉幼儿应该思考什么、应该做什么以及如何做，而是应该说："我想知道，你能用那张闪闪发光的纸做什么？"教师关注的重点必须从确保得到完美的作品转向在一天中培养幼儿的思维。

采用生成课程，做好入学准备

当我们把本节讨论的所有方法（平衡主题式活动和开放式活动、选择对幼儿有意义的主题、使用开放性材料和对话）结合起来时，便使用了一种教学方式，即生成课程。本书的其余部分将探讨生成课程的具体内容以及教师如何使用生成课程帮助幼儿做好入学准备，使幼儿在入学时不仅能够准备好学习读写和算术，而且能够在班级环境中茁壮成长。

第 2 章
生 成 课 程

什么是生成课程（emergent curriculum）？简单地说，生成课程是一种能够提升班级创造力，满足幼儿实际需求，并培养幼儿入学所需能力的教学方法。生成课程源自广为人知且颇为成功的瑞吉欧·艾米利亚教育方法（Reggio Emilia approach）。这种方法因其诞生于意大利的一座城市瑞吉欧·艾米利亚而得名，包含结合实践进行教与学的理念。正如瑞吉欧·艾米利亚的教师所做的那样，采用生成课程的教师不会每年重复使用相同的课程和活动，而是充分观察每个孩子，发现他们对什么主题感兴趣，了解他们还需要掌握哪些发展性技能以求在未来的学习中取得成功。之后，教师需将这些要素结合起来设计学习活动，不仅要让孩子们兴趣盎然，还要将他们需要学习的技能教给他们。为此，孩子们会经常参加长期的学习项目，包括室内外的学习活动。每个项目也许分别聚焦于一个特定的主题，但它们都包含着丰富的活动，以帮助幼儿在认知、语言、身体、社会情绪和自助能力等多个领域建构所需要的能力。

采用生成课程的班级是什么样呢

采用生成课程的班级与大多数幼儿园班级看起来并没有太大的不同，但其活动安排是有意图、有方向的，即使在自主活动时间亦是如此。自主活动时间将占据幼儿一天中的大部分时间——至少是不间断的 1 小时，根据活动的实际需要，也可能累计长达 3 小时。在自主活动时间，孩子们可以在活动室内四处活动，选择他们感兴趣的材料和学习区域。

教师利用自主活动这段时间与孩子们进行交谈，并观察他们在活动室中的行为、活动。其间，教师可以使用正式的行为检查表记录自己的发现，也可以简单地写下每名幼儿展现出的能力和兴趣。不管是采用哪种方式，教师都要为每名幼儿保存这些记录，并以此为依据规划孩子们后续的课程。由于课程计划必须囊括幼儿当前的兴趣，而这些兴趣可能会频繁发生变化，因此教师需要提前制订最长可达一周的短期课程计划。

除了孩子们感兴趣的主题，教师在制订课程计划时还要积极地创设机会，充分帮助幼儿锻炼那些需要借助成人一定程度的帮助才能提升的能力，包括为入学做准备的发展性技能。例如，教师发现四五名幼儿难以正确地握住蜡笔，他就可以在班级中引入一两项活动，帮助幼儿培养这种技能。但是，不能要求班级中的每名幼儿都必须完成这项活动，而是让有需要的幼儿有练习的机会。另外，如果一些幼儿已经能够写出所有字母，希望进行更高难度的挑战，那么教师就可以提供更多的工具进行支持，以便让他们在不同类型的活动中练习书写技能。例如，教师可以在戏剧游戏区备置纸笔，让幼儿假装去杂货铺的同时写下购物清单；或者在积木区提供书写材料，让幼儿在摆弄积木之余，通过纸笔描绘出他们所搭建的不同类型的事物。

在采用生成课程的班级中，一项活动可以同时涉及多种技能的运用。例如，戏剧游戏区的活动不仅可以通过对话来发展幼儿的语言表达能力，亦可以通过装扮来强化他们的精细动作技能，还可以通过引入以小组为单位的新故事线来锻炼幼儿的合作能力。通常情况下，正式的评估要求教师记录幼儿的单项技能，但生成课程鼓励将幼儿看作一个整体，进行全面的教育。值得注意的是，成人从事的事务通常需要同时涉及多种类别学习技能的运用，如编写软件代码（涉及理解计算机操作和因果关系的能力）或者设计新的营销活动（涉及语言表达能力和艺术设计能力）。因此，幼儿需要尽早体验与之相类似且包罗万象的班级活动。

项目式学习（project-based learning）通常需要完成跨越学科界限的综合性任务，因此生成课程的重要组成部分是丰富多样的项目。在学前阶段，项目式学习意味着孩子们的大部分学习活动将围绕着某个特定的主题展开，这种学习活动可能持续几天、几周或几个月。在每个项目中，教师与幼儿一起学习新的主题，并根据幼儿发展中的兴趣调整班级活动。

这里有一个具体的例子。如果孩子们想学习烘焙，那么教师可以将这种兴趣转化为一个项目，帮助他们同时学习数学、科学和阅读。在看到教师阅读菜谱并一步一步地按照菜谱做饭时，幼儿能够更多地了解读写能力；在协助测量烘焙材料的用量时，幼儿能够在潜移默化中学习更高水平的数学技能；在混合各种原料并将其组合成一个新的产物进行烘焙时，幼儿能够充分体会因果关系的概念，尤其是当亲眼看到最终烘焙出的成品与起初的面团完全不同时，幼儿对于因果关系的体验将更加强烈。

教师通过教学规划来确保课程符合幼儿园和所在地区的要求，并兼顾家庭的需要。同时，教师肩负着为幼儿做好入学准备的责任，因此需要在课程中纳入关于某些特定经验的教学，如写字母表中的字母或识别形状和颜色。然而，教师不必通过死记硬背的方式来教授这些概念，如让幼儿识别抽认卡上的形状和颜色。幼儿若仅仅是简单机械地记忆信息，就可能无法将这些概念应用到现实世界中。就像一个红彤彤的苹果或一次深红色的日落，它们看起来显然与抽认卡上的红色圆圈大为不同。为了使这种学习既富有吸引力，又更容易与现实世界产生联系，教师可以将其纳入项目式学习或游戏活动中，以便更好地吸引幼儿的注意力。例如，和孩子们玩侦查游戏"我是密探"①（I Spy），引导幼儿在活动室或操场上寻找现实中的红色物品。

同样，教师在制订课程计划时应充分考虑幼儿家庭的实际需要。如果安斯莉的家人表达了强烈的愿望，希望她在上小学前学会写自己的名字，那么教师就应该将这个诉求作为课程目标的一部分。但他不必让安斯莉坐在桌子旁一遍又一遍枯燥地练习写名字。虽然安斯莉最终需要进行一些类似的练习，但如果教师能够提供安斯莉喜欢的活动，并在这一过程中帮助她获得书写所需的技能，就可能会取得更大的成效（我们将在第9章进一步探讨书写能力的发展）。

许多教师都在思考，如果让孩子们自己选择活动方式以及游戏地点，他们将会如何表现。不难理解，教师们总是担心活动室会陷入混乱。但从总体上看，当幼儿投入他们感兴趣的活动和项目中时，行为问题会显著减少。换句话说，如果班级中的很多孩子都不再对既有的活动感兴趣，教师就必须重新审视课程计划，选择新的活动。

生成课程的独到之处

那些普遍存在于众多学前教育课程中的某些特征，并不存在于生成课程之中。生成课程没有特定的起点和终点，无须严格地以某个主题为基础，也无须提前一周甚至更早就完成周密的课程计划。相反，整个课程是不可预测的，因为它扎根于学生群体不断变化且独一无二的需求和兴趣之中。因此，生成课程很少是重复的——尽

---

① 玩法是，一人说出所见物名称的第一个字母，其他人猜所指之物的全称。——译者注

管在特殊情况下重复是必要的，如幼儿在较长一段时间内专注于一个话题——所以对幼儿或教师来说，这样的课程通常不会让他们感到无聊。即使幼儿开始表现出兴致不高，教师也可以很容易地切换新的话题。

生成课程中的教师责任

在许多幼儿园的班级中，一切都以教师为中心。教师在一个较长的时间周期内为孩子们提供有趣的事情，并选取以往行之有效的主题和活动。生成课程打破了这种动态，幼儿会在教师的帮助下发起并主导自己的学习。他们选择自己想要学习的主题，选择吸引他们的学习区域，而教师根据其需要灵活地提供帮助。这意味着，教师可以在戏剧游戏区与一名幼儿对话，和另一名幼儿在网上搜索跑得最快的陆地动物，抑或在美工桌旁观看第三名幼儿用开放性材料制作猎豹模型。

让我们看看，教师在生成课程中的一些具体职责。

记录和评估幼儿的学习

在采用生成课程的班级中，教师必须花大量的时间进行记录和评估。许多幼儿园已经采用"教学策略GOLD"（TeachingStrategies GOLD）执行定期的教学评估，或者要求教师在开家长会之前以文件的形式呈现相关的记录和评价。但在生成课程中，教师记录和评估幼儿在一日活动，尤其是自主活动中展现出的技能。这些数据形成全部课程计划的主干，若缺乏这些齐备的数据，教师就无法有效完成每周的课程计划。

这种方法听起来可能比按季度或在会议中评估更费力，但它类似于每天稍微整理一下房间，而不是每隔几个月或在客人到来之前才对房间进行一次深度清理。记录和评估是日常工作的一部分，教师不能将它们堆积起来，等到放学后或在每个季度末完成。这种评估方式也有助于改善教学，因为教育工作者可以不断地获取数据，深入了解幼儿的需要。

向家长介绍生成课程

由于幼儿的家长可能对生成课程中的学习方式缺乏认识和理解，这时就需要教师倡导以幼儿为主导的学习活动，根据幼儿的学习兴趣选择学习活动。教师必须言明这种类型的学习为什么能够以及如何能够为幼儿日后入学做准备，也需要讲清为什么创造性活动、问题解决和言语互动比死记硬背更加行之有效。教师还可以灵活运用日常的记录及评估数据，向家长展示孩子们如何通过参与生成课程获得进步。如果教师具备良好的沟通能力，并且不遗余力地提倡生成课程，那么幼儿的家庭成员就更有可能接受这种教学方法，并开始参与班级活动。

与幼儿交谈

教师可以通过与幼儿对话和沟通，帮助他们形成对世界的认识，鼓励幼儿表达自己的想法，然后利用这些信息发展他们构建假设的能力。如果德马库斯在画架上画画，教师就可以问："你觉得，颜料为什么会从纸上滴下来？"如果埃斯佩兰扎把计数小熊摆在了积木上，教师就可以问："小熊们是怎么选择座位的？"如果基思正在玩黏土或橡皮泥，教师就可以问："你触摸它们的时候是什么感觉？"

创设学习环境

教师应当积极创设学习环境，鼓励幼儿通过操作学习材料进行游戏和探索，而不是要求班级中发生的一切都必须与当前特定的主题相关联。在活动室的每一个区域，教师都应以这样的方式——幼儿无须成人的帮助就能很容易地获取材料——投放材料。为了保证幼儿随时都能进入活动室中安静的区域，教师在布置室内空间时要将社交区、嘈杂区（如积木区和戏剧游戏区）与安静区或自主学习区（如图书角）分隔开。

在创设学习环境方面，合理利用活动室及其资源与计划周详的学习活动发挥着同等重要的作用。当可供选择的学习材料种类较为丰富时，幼儿可以自主地选择操作那些让他们感兴趣的材料，并在反复操作中发展技能。通过班级活动，幼儿逐渐熟练地掌握某项技能，并由此产生拥有感，他们就会变得更加自信，形成自我价值感。随着幼儿越来越了解自己的能力和天赋，他们开始发展自己的身份认同。为了取得这样的成果，教师应不断努力，推动活动室环境朝着"为幼儿提供更好的教育"这一目标迈进，营造充满爱的氛围。幼儿只有在班级里尝试新事物时感到安全，才会愿意抓住机会学习新知识。

观察和识别幼儿的需求

在生成课程的活动室中，教师的直接教学并不多，很少让幼儿坐下来，直接告诉他们完成某项活动的确切方式。相反，教师忙于做记录，忙于和孩子们一起参与活动。生成课程鼓励教师耐心地观察所有幼儿，这样他就可以深入了解每名幼儿，而不仅仅停留在知道他们喜欢的颜色和家庭成员的名字上。在这样的过程中，教师可以发现每名幼儿掌握了什么、什么使他好奇、什么激励着他以及他已经具备了哪些技能。

教师有了这些发现后，就不会再理所应当地认为所有幼儿都具备学习相同技能的条件，或者所有幼儿都能够同时投入学习状态。教师应将每名幼儿都视为自己领域内有能力且充满好奇的"小专家"，发现每名幼儿都能在属于自己的时间和秩序中应对新的挑战，并且有着独特的目标。

案例研究：根据拉肖恩的兴趣

4岁的拉肖恩知道活动室里每一种玩具恐龙的名字，但他还未掌握字母名称。他展现出明显的好奇心和巨大的学习潜力。为了吸引拉肖恩，教师伊曼尼设计了一系列活动。这些活动可以进一步激发拉肖恩对恐龙的兴趣，并帮助他畅想恐龙世界的样子。

伊曼尼意识到，拉肖恩的热情可以帮助他以意想不到的方式进行学习。例如，当他最终产生学习字母名称的动机时，他所积累的大量关于恐龙名称的词汇会对他有所助益。词汇量大的幼儿在学习阅读时往往更容易读出单词，因为他们已经有了进行参考、比对的基础。如果拉肖恩对"霸王龙"这个名字很熟悉，他在念这个名字的时候就可以将单个字母的发音与他记忆中的单词进行比对，并更加迅速地在这种发音与他所熟知的单词之间建立联系。此外，拉肖恩在构建假设方面的经验将有助于他在识别问题、对解决方案进行逻辑猜想以及评估猜想的正确性过程中形成更高水平的问题解决能力。

促进终身学习

生成课程鼓励教师和幼儿践行终身学习的理念。开展生成课程的教师必须愿意持续学习，而不是拘泥于他教了很多年的内容。起初，他可能对幼儿想要探索的内容知之甚少，但这并没有关系，他不是非得先成为专家才能为幼儿的学习提供帮助。教师要敢于承认自己有不知道的东西，"不知道"并不可怕，重要的是时刻保持乐于学习和探究未知的态度，这样才能为幼儿树立榜样。教师与幼儿可以一起做研究，共同投入幼儿好奇的各种各样的问题中，例如水坝是如何产生能量的、一棵树需要多长时间才能生长以及互联网是如何工作的，等等。通过充分利用班级中的学习过程与幼儿一同学习，教师不必再花费额外的时间在工作之余研究该主题。

生成课程也可以促进家长的终身学习。当孩子们回家后仍然对他们在幼儿园学到的东西倍感兴奋时，这些知识就会渗透到他们家庭成员的生活中。哪怕家庭成员可能对孩子一直在学习的主题已经有所了解，孩子们也有机会再教他们一些新的东西。

计划循环

教师一旦收集到有关幼儿的信息，就应该运用这些信息确定下一步在班级中引入哪些课程或活动。这种计划方法包含以下四个步骤。

1. 分析观察记录。
2. 为幼儿确定活动和目标。
3. 实施活动并引导幼儿参与。
4. 评估幼儿在技能发展方面的进步。

这个过程虽然听起来很复杂，但实际操作很简单。

第一步：分析观察记录

在分析观察记录时，教师要全面回顾其观察记录以寻找有效信息。首先，需要寻找有关的事实依据，证实幼儿已经掌握了哪些技能，还有哪些技能需要投入更多的时间和精力。其次，寻找线索，判断幼儿是如何进行学习的，充分了解能够激励每名幼儿的活动方式以及幼儿倾向的学习风格（活跃型、视觉型或听觉型）。同样重要的是，教师要搜寻幼儿感兴趣的话题，如幼儿经常谈论的事情、游戏中常见的故事情节，等等。

第二步：为幼儿确定活动和目标

教师一旦完成数据分析，就可以使用分析结果规划幼儿下周的学习活动。有时，幼儿对某个主题的兴趣会持续几周，但由于无法预见哪些主题会激发幼儿何种程度的兴趣，因此教师每次只计划未来一周的活动即可。

> **案例研究：从观察到活动**
>
> 教师克丽在分析她最近的一组观察记录时，注意到一个现象：班上的每名幼儿都可以使用手掌抓握（全手握法），但只有两名幼儿会使用三指握法（使用拇指、食指和中指的握法）。她意识到，所有幼儿都需要掌握三指握法，这样有助于他们学习写字。
>
> 当克丽思考如何帮助孩子们练习三指握法时，她意识到在画架上绘画会使幼儿难以采用全手握法，因为画架上纸张的放置角度促使幼儿必须将手调整为三指握法才能自如地操纵画笔。于是，克丽决定在艺术区增设一些画架。同时，因为三指握法要求五根手指中的三根拥有更强的力量，所以她决定再放一些桌子，让孩子们玩使用晾衣夹的游戏和使用橡皮泥的游戏，这两种精细运动均可增强幼儿手指的力量。

第三步：实施活动并引导幼儿参与

每当教师在班级中引入一个活动时，都要教幼儿如何参与。首先，教师需要在圆圈时间为幼儿演示这项活动。然后，当幼儿有机会亲身体验时，教师要细致地观察，以确定每名幼儿是否需要额外的帮助。有些幼儿可能仅仅通过观看教师的示范就能学会，而有的幼儿可能在初次尝试时需要教师手把手地指导。

第四步：评估幼儿在技能发展方面的进步

教师在观察幼儿活动时，可以由此分析幼儿需要练习多久才能掌握某项技能。有些幼儿可能在还没有掌握某项技能之前，就对某项活动失去了兴趣。为此，教师需要经常轮换操作材料，让他们在逐步掌握技能的同时保持活动参与度。教师还需要经常观察，以确定幼儿是否完成了技能的学习，并判断其是否已经准备好学习更为复杂的技能。

在生成课程中，没有任何学习经验是偶然习得的。幼儿在游戏中学习，教师则需要精心为他们做好准备，对环境加以调整，使学习机会潜藏在幼儿的游戏和活动中。计划循环中的每一步都会提供有关幼儿的新信息，教师必须充分分析这些信息以优化学习环境。

主题式课程与生成课程中的时间安排

主题式课程与生成课程的一个显著区别在于对时间的控制。许多幼儿园教师习惯性地按照"两周时间表"来组织教学，将每个主题单元的学习都准确地安排为两周，让孩子们用两周的时间掌握相关的技能。然而，这种模式意味着教师可能会在幼儿仍想继续一项学习时强行改变他们的注意力，或者可能会在一个主题上花费太多时间，以至于幼儿早已失去兴趣。而生成课程是随着幼儿的步调前进的，它可以涵盖与主题式课程同样的内容，但无须严守两周一轮的切割方式。根据幼儿的兴趣和现有能力水平，有些技能可能很快就会被幼儿熟练掌握，而有些技能的培养需要花费一段时日。

为进行中的项目提供支持

在采用生成课程的班级中，幼儿可以投入需要几天乃至几周才能完成的大型项目中。在这种情况下，幼儿无须匆忙完成他们的学习任务，特别是当他们对某一课题抱有强烈的兴趣时。另外，这样的学习过程也有助于幼儿学会合理地预判某项任务需要花费的时间。

教师必须营造出一种文化氛围，让幼儿觉得，把未完成的任务留到以后再完成是可以被接受的。为了建立这种信任感，教师允许幼儿每天开启项目，并制定和执行允许幼儿只接触自己项目的规则。有的教师在活动室里创设"安全空间"，幼儿可以在这里放置未完成的项目；有的教师在幼儿的作品周围采取"安全保护措施"，比如用彩色皱纹纸把积木区中心的一块区域隔开，因为那里有一座孩子们正在建造的塔楼。

为了在班级中形成一套特定的程序，教师和幼儿需要在圆圈时间进行沟通和交流，询问每名幼儿在活动结束时怎样保护未完成的项目。幼儿如果为规则的创建贡献了智慧，就会有参与感，并更有可能投入其中。

对生成课程的常见误解

尽管生成课程可以使幼儿和教师受益良多，但许多幼儿园没有选择使用这种课程，因为它们对生成课程的认识还存在普遍的误解。让我们来探讨以下误解。

误解1："我们已经有课程了"

对于生成课程十分常见的反对意见之一是："我不使用生成课程，因为我已经采用了不同的课程，我必须将其贯彻下去。"事实上，你无论已经采用了哪种课程，都可以将生成课程融入既有的教学过程中。我们将在第4章深入探讨这个问题。

误解2："没有计划"

另一个误解是：在生成课程中，教师没有事先为幼儿计划活动，因此"幼儿想做什么就做什么"，教师只是等着看幼儿想玩什么，然后随机加入其中。这种误解导致生成课程的实践看起来更像是照看幼儿，而不是精心创设结构化的学习环境。这也可能会引起教师和管理者们的担忧，即在采用生成课程的同时，是否能确保始终贯彻地方、州或国家学前教育标准所要求的内容？

不同课程中制订计划的时间表可能是这一误解产生的根源。传统幼儿园中的许多教师会提前几个月就开始制订教学计划，并且这些计划可能经过了大量的思考。尽管教师提前展开了如此长远的设计，但到课程真正实施之日，他们其实也无法确切了解幼儿的需求和兴趣。另外，教师通常倾向于选择带有个人偏好的主题和活动，并以此为基础来规划课程。可这些不一定是幼儿真正需要的，因此最终无法有效助力幼儿进入更高的发展阶段。

由于生成课程的基石——幼儿的兴趣——可能处在动态变化之中，因此开展生成课程的教师往往会在更接近课程实施的时候进行计划。相较于其他类型的课程，生成课程尽管在结构性上看起来稍弱，但教师能够使用每天收集到的数据，有目的地创设所需要的课程。这种计划方式允许幼儿有探索发现的空间，而不是严密地编制出每名幼儿在课程过程中应该做的事情。生成课程还重在关注当前这一幼儿群体准备掌握的技能，而不是为完全不同的幼儿群体生搬硬套一年前的旧方案。

案例研究：过于超前的计划

教师保罗已经在学前教育领域拥有七年的教学经验，并开发出许多课程计划资源。他过去班里的幼儿十分喜欢的学习单元是"交通"和"恐龙"，因此他在每年的冬季——孩子们不能经常外出的时候，重复开展这些单元活动，希望他们能够投入其中。通常，保罗会在寒假期间拿出这些单元活动的材料，在1月和2月稍微重温一下。

今年，当保罗开始计划"交通"这一单元时，他了解到班里的大多数幼儿还不会写自己的名字，所以他致力于通过开展一些与"交通"有关的活动来培养幼儿写名字的技能。例如，他打算让幼儿"驾驶"玩具车驶过绘画颜料，并通过操纵玩具车留下他们名字的痕迹。为了演示这个活动，他把每名幼儿的名字用玩具车"写"在一张大纸上，然后进行塑封。做好了这一切，保罗就如往常一样，打算在1月的最后一周开始"交通"这一单元主题的教学,并持续开展3周。

当保罗班里的幼儿结束了寒假,在1月初回到班级时,他们中的几个人已经学会了书写自己的名字。这种同龄人的榜样作用使得其余幼儿对用纸和铅笔写名字表现出了极大的兴趣。于是,孩子们投入了大量的时间练习这项新技能,等到保罗的"交通"单元开始时,孩子们基本上已经具备了书写名字的能力,并且想要学习写他们的姓氏。保罗早早计划好的"小汽车写名字"活动显然无法再与幼儿新出现的兴趣和能力需求相匹配。

案例研究:帮助"兽医"学会书写

教师安德烈娅通常会提前一周计划课程。她使用教学策略GOLD评估数据对幼儿的发展性技能进行实时记录。根据观察所得,安德烈娅发现她所教的幼儿还没有准备好学习写自己的名字,所以她想先帮助他们练习抓握铅笔。

为了发现孩子们的兴趣所在,安德烈娅常常细心地倾听他们的谈话。今年,孩子们喋喋不休地分享着自己宠物的日常,他们当中的许多人告诉过安德烈娅长大后自己想要成为兽医。最近一段时间,孩子们在戏剧游戏区纷纷扮演起了兽医的角色。

有一天,安德烈娅在戏剧游戏区和孩子们聊天,问他们是否见过X光片,孩子们都说没有见过。安德烈娅解释说,X光片是透过皮肤拍摄宠物身体内部的照片。孩子们对这个话题表现出极大的兴趣,问了一个又一个关于X光片的问题。

安德烈娅绞尽脑汁,思考着如何将孩子们浓厚的兴趣与帮助他们练习握笔的目标联系起来。终于,她发现了一种使用画架的有趣方法。第二周,安德烈娅带来了几个盒子,把它们当作拍摄X光片的机器，并在每个盒子的一边粘上一张大大的纸，还在表演游戏区放置了各种各样的书写工具，有铅笔、记号笔等。她告诉孩子们，他们可以用那些画架一样的盒子为活动室里的动物玩具画出 X 光片。因为安德烈娅准备了许多盒子，所以多个孩子可以同时参与这个活动。由于孩子们对成为兽医非常感兴趣，这项活动持续开展了两周多，并受到极大的欢迎。

误解3："儿童主导的课程"

人们通常将生成课程描述为"儿童主导的课程"，认为"儿童掌管了班级"。这种说法让一些教师紧张不已。他们觉得，如果将主导权交给儿童，教师就会失去对包括课程计划在内的班级中的一切要素的掌控权。

诚然，在生成课程中，教师确实需要放弃亲自拣选每一课程主题的愿望。毕竟，投身于自己和幼儿都感兴趣的东西会让教师获得极大的满足感。然而，幼儿往往对很多主题都兴致勃勃，所以教师需要花费几年的时间将精力投入每名幼儿想要探索的主题上，设计和规划涵盖每名幼儿兴趣领域的课程。此外，生成课程非但没有让孩子们变得不可管控，更是提供了两个令人意外的好处。第一，生成课程可以显著减少幼儿的消极行为，因为幼儿始终对班级活动抱有兴趣，就不会变得无聊，进而挑战班级底线。第二，生成课程实现了"教学相长"，既培育教师，又教育幼儿。教师在工作中每天都能学到新的东西，因此不会像每年重复同样课程计划的教师那般很快感到精疲力竭。

案例研究："恐龙"主题就学到这里吧

菲奥娜为班级幼儿安排了一个为期两周的有关"恐龙"的课程

单元，结果却发现孩子们对这个话题没什么兴趣。她似乎不得不放弃这个单元。然而，尽管看上去如此，但孩子们的表现并没有导致整个课程计划全部停摆。虽然不是全部，但菲奥娜计划的活动仍然有不少可以用得上，她只需要改变幼儿的关注点，以适应他们当前的兴趣，或者在孩子们表现出对恐龙的兴趣时保留一部分原有的活动。下面是菲奥娜可以采取的措施示例。

- 菲奥娜将搜集到的小塑料恐龙放在沙盘里，进行"古生物挖掘"活动。但是鉴于孩子们现在喜欢超级英雄，若将这个兴趣纳入"古生物挖掘"活动，实在有些牵强且没有什么意义，于是菲奥娜选择把这个活动留到以后再用。
- 孩子们非常喜欢摆弄菲奥娜投放在艺术区的恐龙邮票，并且拿邮票的行为有助于锻炼幼儿使用钳状抓握（使用拇指和食指）和三指握法（使用拇指、食指和中指）。菲奥娜决定再带一些超级英雄的邮票来。
- 在观察班级活动的过程中，菲奥娜倾听孩子们的对话，及时了解他们的兴趣点，关注什么时候他们可能想要了解恐龙。假如幼儿表现出这样的兴趣，她就迅速地做好准备。
- 班里的汉娜确实对恐龙展现出了浓厚的兴趣。为了给汉娜提供个性化的教学并评估其他幼儿是否对这个话题感兴趣，菲奥娜为汉娜提供了一些有关恐龙的学习活动。

误解 4："这实在太麻烦了"

关于生成课程的另一个误解源于人们错误地理解教师为什么要收集着眼于每名幼儿的观察结果，而不能每年重复使用已有的教学计划。有些人认为，教师必须利用观察数据，为班级中每名幼儿的每一个兴趣创设相应的新活动或项目。不难理解，这种想法的确会让人感受到压力，尤其是幼儿兴趣的转变非常迅速。他们的兴趣可以从超级英雄变为丛林动物、忍者，再到消防车。而且，这些转变有时就发生在短短1周内——这还只是针对一名幼儿而言！

好消息是，教师其实无须为幼儿新萌发的每个兴趣都创设一项新的活动。在很多时候，一项活动往往可以吸引很多幼儿。因为幼儿往往有着相同的兴趣，或需要学习相同的技能。当然，在一个有20名幼儿的班级中，想要创设一项能吸引每名幼儿兴趣的活动是颇具挑战性的，但在生成课程中可以采用以下两种方法来应对这一挑战。

教师在与每名幼儿单独相处时，不仅需要跟踪记录幼儿的发展情况，而且需要深入了解幼儿的个体特性，并找出能够激励幼儿的有效措施。这样即使有一名幼儿没有参与活动的自然欲望，教师也可以从他所了解到的个性化信息中找到一种方法来激发这名幼儿的兴趣。这种方法可以调动更多的幼儿参与相同的活动，从而有效地简化班级的管理工作。

然而，并不是每名幼儿都愿意参加每个活动或助力每个项目，这就引出了第二种方法：教师无须每天规划20节课来满足所有幼儿的兴趣，只需要花些时间和那些对既有学习活动不太感兴趣的幼儿单独相处即可。通过这种方式，教师可以为这些幼儿量身定制"迷你课程"，这样他们仍然可以学习相同的概念或内容，就像参与大组学习一样。

案例研究："一对一"辅导詹姆斯

教师塔莉娅的班级正在开展一项有关机器人制造的项目，借此来训练幼儿的问题解决能力，帮助幼儿学习新词汇并激发他们的创造性思考。大多数幼儿都在积极地利用班级里的开放性材料区域建造属于自己的机器人。然而，詹姆斯选择独自在积木区玩，假装用起重机和拖车移动积木。塔莉娅观察了他一会儿，意识到詹姆斯对建构设备有浓厚的兴趣。于是，她在积木区投放了一些小型卡车建构物，并与詹姆斯讨论哪辆卡车能承载最重的货物，这无疑引发了一场精彩的讨论：为什么这辆卡车比另一辆卡车载重更多。

总之，塔莉娅的目标不是要求每名幼儿都必须参与机器人制造的活动中，她的目标是用一名幼儿感兴趣的话题，帮助他掌握入学所需的具体技能。大多数幼儿在机器人项目中的学习实现了这一目标，而詹姆斯是通过与塔莉娅"一对一"的讨论实现的。在这两种情况下，塔莉娅都找到了有趣的方法来帮助幼儿发展创造性思维、丰富他们的词汇并解决问题。

让每个人都参与项目

在选择主题和项目时，教师应考虑那些能吸引多数幼儿的项目，不过也可以在班级内同时开展多个项目。例如，当大多数幼儿在创作壁画时，一小部分幼儿可以选择创作面具。如果这个小项目能吸引大多数幼儿的兴趣，它就可以成为主导班级学习活动的下一个学习单元。

任何项目都包含同一个重要目标，就是教会幼儿专注于他们所感兴趣的主题，以及采用这些主题进行更多的学习。幼儿一旦学会自主学习，就可以在班上的其他幼儿都忙着其他项目时独立探索自己选择的活动。因为大多数幼儿的阅读能力还不足以支持他们独立运用书本或互联网开展探究，所以他们需要成人在培养其读写能力的同时向他们展示其他自主学习的方法。例如，教师可以鼓励幼儿提出问题、阅读图画书、动手做实验或在教师的帮助下做研究。

生成课程的有益之处

尽管根据幼儿的兴趣定制课程需要花费大量的时间，但生成课程的确有许多益处。首先，教师和幼儿可以经常一起学习，因为幼儿可能对教师并不了解的话题感兴趣。教师确实需要提前制订课程计划，但不需要事无巨细地早早准备好所有的材料，可以在班级里和孩子们一起探索问题。

其次，当幼儿接触到一个感兴趣的话题时，他们在班级中的问题行为会显著减少。挑战性行为通常会出现在幼儿对课程中的材料或概念感到厌倦时，此时他们会试图做些更有趣的事情。当幼儿能够自主选择他们想要学习的内容时，他们就会被激励参与课堂活动——这正是教师想要看到的行为。这样，教师就可以专注于与幼儿一起学习，而不是忙于纠正他们的消极行为。这一变化可以使教师原本沉重的负担减轻不少。

最后，生成课程可以大大减少教师在艺术活动方面的工作量。DIY式的艺术活动通常需要教师进行大量的前期准备，比如提前制作操作材料。但是，当幼儿自己选择创作哪种艺术作品时，需要对艺术创作过程负责的就是他们自己，而不再是教师。艺术创作是实时进行的，而不是放在课余时间完成的。另外，教师也无须为了创建一块完美的主题作品展示板而准备额外的装饰物，因为他将要展示的是一件件独一无二的艺术作品，而不是满活动室相同的作品。

简而言之，选择生成课程的教师可以通过让幼儿学习他们感兴趣的东西，从而大大减少工作量。

误解5："生成课程与项目教学法——没有差别"

人们通常会将生成课程与项目教学法（project approach）放在一起进行比较。在项目教学法中，幼儿常常就他们好奇的话题进行研究并完成课程方案。类似地，在采用生成课程的班级中也经常进行着这一类型的工作。然而，不同的是，项目教学法要求按照高度细化的结构和一系列步骤来发展并执行项目，教师可以就课程主题提出指导意见。生成课程则更为自然，强调教学项目应当源于幼儿的兴趣。幼儿如果没有表现出对某个主题的好奇心，就可能根本不会参与该项目，只是完成其他学习活动。即使发生这一情况也没有关系，生成课程的重点就在于让幼儿探索自身的兴趣，而不是让他们始终置身于某个正在进行的项目中。

采用项目教学法和生成课程的班级活动室里的陈设、布局也略有不同。采用项目教学法的班级里通常展示着当前全班正在进行的项目中的艺术作品或书写作品，每一件作品都是不同的。其他的展品则会突出与项目相关的小组作品，如孩子们一起建构的机器人。而在采用生成课程的班级里，如果孩子们正在围绕某个主题开展学习活动，那么活动室就可以装饰与主题相关的作品，或者干脆在整个活动室空间中开辟各种各样的学习区。

在采用典型的项目教学法的班级中，所有幼儿会共同参与同一个项目；而在采用典型的生成课程的班级中，在任何给定的时间，都可以发现多个小组同时开展活动。正如本书前言中所呈现的，梅根与三个男孩一起开发了即兴的"斜面"课程一样，在采用生成课程的班级中，教师常常会通过帮助幼儿实时创造属于自己的实验或艺术品来频繁地支持他们的学习兴趣。

第3章
游戏的重要性

自由游戏,也被称为非定向游戏或开放式游戏(以下简称"游戏"),是任何学前教育中,尤其是生成课程中的一个重要组成部分。具体来说,游戏是幼儿以自发、开放的方式与班级材料和其他幼儿进行互动的活动。成人不应为了取得某种结果而干预幼儿的游戏,例如,示意幼儿在戏剧游戏区设立医生办公室或在科学区研究毛毛虫。同时,幼儿必须遵守班级中的各种社会规则,如维护安全和礼貌待人。在不逾矩的前提下,幼儿可以自主地探索活动室和材料,并发挥自己的创造力,创作他们想象中的故事或作品。

为什么游戏必不可少

长期以来,许多成人认为游戏和学习是两种毫不相干的活动。但是对幼儿来说,游戏时间就是学习时间。著名的儿童研究专家玛利亚·蒙台梭利(Maria Montessori)将游戏解释为"幼儿的工作"。

游戏之所以能吸引幼儿,不仅仅因为它是愉快的,还因为它是有意义的。游戏是指有意识地探索自己所处的环境,与周围的人、物互动。通过这些活动,幼儿不断地探索世界并了解世界的运行方式。例如,当一名幼儿拼拼图时,他会了解透视原理以及不同的形状是如何被组合在一起的;当他假装成一个怪物并追逐朋友时,他会体悟到社交法则以及现实和幻想之间的差异。

不幸的是，在过去的10~15年里，美国的教育文化发生了很大的变化。如今，社会大众优先考虑尽早教会幼儿学业技能，以做好入学准备。他们期望教师和幼儿园让幼儿能够长时间地端坐在课桌前接受学业指导，但教师们注意到，幼儿的一些基本技能并未由此获得发展，这些技能通常需要通过游戏来习得。

美国儿科教授肯尼思·金斯伯格（Kenneth Ginsburg）、通讯委员会（Committee on Communications）、儿童与家庭社会心理健康委员会（Committee on Psychosocial Aspects of Child and Family Health）的文章指出，游戏有助于幼儿各领域的发展，包括认知、社会性、情绪、身体和语言等。在与其他幼儿游戏时，幼儿的语言能力得以提高，幼儿学会表达自己的想法和需要。当幼儿通过爬行、走路、跳跃和攀爬等在活动室和操场上活动时，他们的运动技能也开始提高。戏剧游戏可以让幼儿在虚构的情境中体察他人的立场，由此发展出对他人的同情心。

让我们更深入地了解一下游戏的其他益处。

养成健康的习惯

当幼儿每天至少进行两次体育游戏时，如攀登、追逐或跳绳，他们身体的成熟度会不断提升，伴随他们终生的健康习惯也会形成。幼儿通过学习探索自己周围的环境来寻求信息（而不是像看电视那样，等待信息上门），他们将会形成一种能够避免消极被动的生活方式的模式。体育游戏还有助于发展感官系统，这对幼儿通过感官接收信息并在大脑中处理信息的能力具有至关重要的作用。其中，粗大动作游戏尤其能够让幼儿感受躯体在空间中的移动，并开始与周围的世界产生身体上的联系。

提供安全的情绪表达场所

游戏可以为幼儿提供一个安全的环境来表达他们的情绪。特别是,班级中的戏剧游戏区可以让幼儿模仿他们在家里所体察到的情绪,或者表演他们所目睹的谈话。当幼儿不得不长时间坐着听讲时,他们必须经常将自己的情绪内化,因为这种场合不适合表达情绪。另外,在以游戏为基础的环境中,如果幼儿需要自主时间,那么他们可以选择独自游戏,也可以选择利用与朋友的戏剧游戏作为宣泄和识别情绪的方法。比如,一个孩子很生气,你可能会注意到他对着一个玩具娃娃,激烈地指责它为什么不睡觉。这种戏剧性的游戏场景往往反映了孩子在家里看到过或参与过的情况,特别是在他不知道如何处理这些情况时。游戏可以使幼儿避免现实生活中负面结果带来的压力,允许他们通过探索或表演来面对恐惧。幼儿可以在家里模拟成人的角色,并研究当成人做出某些选择时最终会如何表现。

鼓励实验与探索

游戏可以让幼儿进行实验和探索,这也是他们日后学习科学时要用到的技能。在生成课程中,幼儿有机会决定事情的发展以及他们是否可以改变结果。游戏使幼儿能够分析问题并测试解决方案。如果一个积木塔倒塌了,幼儿就可以对塔的倒塌原因做出假设,然后在重建塔的时候检验这一理论。然而,当幼儿只是坐在书桌前拿着纸和笔时,这些类型的实验是不可能发生的。

培养社会情绪能力

在自由游戏中,幼儿可以互相分享、协商、解决问题并建立友谊。游戏还鼓励幼儿发展决策能力,当他们在群体环境中独立做决定时，他们的自信心会得到发展。当他们没有成功地做出决定时，他们会为下一次尝试制订新的计划。游戏还能发展幼儿的领导力和创造力。例如，你可能会看到一名幼儿在戏剧游戏区创造故事线，并指导其他幼儿参与其中。这是幼儿学习思考，鼓励他人加入的宝贵时机，并且不会过多地要求同伴。

游戏的衰退

有的成人认为，让幼儿充分游戏仅仅因为他们是小孩，但不应该因此就使游戏成为学前教育的一个重点领域。然而，如今幼儿实际上拥有的游戏机会比成人意识到的要少得多，科技的急速发展是导致这种情况出现的原因之一。许多幼儿放学后只是坐在屏幕前，而不是在卧室搭建堡垒或在后院玩"捕捉小熊"的游戏。计算机、平板电脑、手机或电视等为幼儿提供了直接的故事线索和参与其中的方法指导，因此幼儿不需要发挥创造性或继续进行探索。这也是一种久坐不动的学习方式，因为在这些活动中，幼儿不会奔跑、追逐或搭建实物。

一些幼儿可能会参加结构化的游戏和课程，如足球练习、芭蕾舞课程或钢琴课。的确，这些幼儿在学习并发展运动技能（钢琴课也能加强手指和手臂的肌肉），并减少屏幕时间。然而，这些类型的活动并不像非结构化游戏那样激发幼儿同等程度的想象力和问题解决能力。在练习活动、课堂教学或课程设置中，教练或教师会直接指导幼儿接下来该怎么做。这种互动可以培养幼儿的专注力和学习能力，但在幼儿的日程安排中，应该辅之以必要的非结构化时间。

许多幼儿园还向幼儿布置一些家庭作业。同样，这种类型的活动可以培养幼儿听从指令和集中注意力的技能，但它不能像游戏那样发展幼儿的社会性、想象力和问题解决能力。在家完成练习题要求幼儿死记硬背似的完成几个步骤，但问题解决能力是一种更高级的技能，幼儿要学会将技能、步骤和过程应用于多种情况中。例如，当两名幼儿在戏剧游戏区学会轮流喂玩具婴儿进食时，他们不仅锻炼了问题解决能力，还发展了创造力和社交能力。

由于游戏文化的整体衰退，一些幼儿在初入幼儿园时并不了解如何独立地探索环境或游戏，他们只是等待教师或计算机的指令来学习。在这种情况下，教师和家长需要与幼儿一起坐下来，向他们示范如何进行探索性和想象性的游戏。例如，教师可以用积木搭建一座小塔，并询问幼儿谁住在里面，这些人每天做什么。家长可以和孩子一起建造沙发垫堡垒，并"保护"堡垒的结构不被可怕的"恶龙"破坏。幼儿需要充分参与这种发展想象力的活动，以学习如何通过集思广益来开启自己的创造性冒险。

戏剧游戏的益处

戏剧游戏，也被称为"想象性游戏""象征性游戏"或"假装游戏"，是指幼儿假装成别人来表演所思所想。幼儿可以用小玩具装扮自己或扮演角色。在装扮的时候，幼儿通常会使用各种各样的道具和工具来表演他们的奇思妙想。幼儿可能穿上围裙，假装用搅拌器在厨房里忙碌，也有可能将围裙当作盔甲，将搅拌器视作宝剑。环境和道具不必仿效故事情节，因为戏剧游戏中的幼儿会创造专属于自己的一版现实世界。幼儿可以邀请朋友参与自己的故事，或者自己就能独立地表演故事。

社会情绪的发展

戏剧游戏的重要好处之一是，它让幼儿有机会了解周围的世界。幼儿可以一次又一次地表演同样的场景和故事，直到他们开始理解人物为什么会有这样的行为。作为这一过程的一部分，幼儿可能会重现他们在家里看到的一场争吵，或者假装自己是故事书中的王子和公主。当幼儿表演假装的场景时，他们会尝试着反映人物的情绪，学会识别他人的面部表情和感受，开始辨识个人独特的情绪体验。

集体的戏剧游戏能够帮助幼儿发展领导力和其他社会互动技能。当一名幼儿在这种类型的游戏中起带头作用时，他必须学会倾听和感知群体中其他人的需求。协作性的游戏有助于幼儿建立友谊并学习遵守社会规则。当幼儿表演故事时，他们通常会分享服装，轮流创编情节，并在意见不一致时进行协商和妥协（"故事中只有三只小熊，但你可以扮演金发小女孩"）。

语言的发展

在集体的戏剧游戏中，幼儿的语言技能会得到显著提升。为了向同伴解释故事情节，并传达自己的需求，幼儿需要发展语言技能。为了说明每个故事的复杂难懂之处，幼儿的词汇量会相应增加。当集体中的其他幼儿解释他们的角色并为每个情节增添意想不到的转折时，幼儿也在发展倾听能力。在表演自己家里的故事时，幼儿还会学到文化规范和使用语言的新方法。

精细动作的发展

戏剧游戏能够帮助幼儿发展他们的精细动作。例如，穿衣游戏可以让幼儿练习使用扣子、拉链和尼龙搭扣穿脱衣服（这也是一项重要的自助技能）。如果一名幼儿在戏剧游戏中使用小积木和人形公仔，他会由此学习如何操纵较小的物件。在建造堡垒、搭建背景和布置道具的过程中，他还会增强自己的手臂和手的肌肉力量。

教师如何提供帮助

为了帮助幼儿在戏剧游戏中获得发展，教师需要创设一个鼓励此类游戏的班级环境。首先，教师可以示范戏剧游戏的技巧，并与幼儿一起参与这种类型的游戏。其次，教师需要观察幼儿，发现他们的需求和兴趣，以便提供相关的游戏材料。例如，幼儿着迷于盛装打扮，教师就需要提供大量的服装供他们分享。如果幼儿经常在积木区开展戏剧游戏，教师就需要在该区域提供丰富多样的积木和道具。同时，教师不应该将特定的戏剧游戏主题强加给幼儿（"因为我们这周学习有关海滩的内容，所以我们应该玩这个"），而应该提供多种多样的材料，让幼儿在多样化的主题中进行选择。

脏乱游戏的益处

脏乱游戏，也称为"感官游戏"。这类游戏能够激发幼儿的好奇心，并促使他们运用多个感官系统，尤其是触觉系统，接收大量的信息。在一间典型的幼儿园活动室里，脏乱游戏可能会涉及使用橡皮泥、绘制手指画、玩沙水游戏以及"泥巴厨房"，让幼儿通过在脏乱的活动和实验中获得结果来学习。

运动能力的发展

脏乱游戏对幼儿的整体成长和发展有诸多好处，尤其可以对其运动能力的发展产生巨大影响。幼儿用手操作杂乱无章的材料，如黏土和泥巴，可以使手指、手腕、手臂甚至肩部的许多肌肉得到锻炼。幼儿还可以使用饼干切刀和擀面杖等工具操作游戏材料，发展协调性。这些方面的发展都有助于提高幼儿日后握笔和用笔的能力。

脏乱游戏也可以促进幼儿粗大动作技能的发展。像在水坑中跳跃、吹泡泡、从装有沙子的盒子中移走沙子等户外活动，可以激活和强化幼儿的腿部、躯干和手臂的大肌肉。当大肌肉作为身体中的小肌肉的支撑时（例如，幼儿在画架上作画时，手臂支撑着手），幼儿可以获得更高水平的平衡能力和肌肉控制能力。

感官的发展

脏乱游戏有助于促进幼儿感官系统的发展。通常，我们认为人体有五种主要感官：味觉、触觉、嗅觉、视觉和听觉。但在考虑幼儿的整体感官发展时，我们还需要考虑前庭感觉系统和本体感觉系统。

前庭感觉系统控制着身体对运动和平衡的感知。前庭感觉系统发展良好的幼儿具有较好的平衡性、协调性和均衡性。前庭感觉系统不发达的幼儿看起来可能格外笨拙。正如脏乱游戏可以帮助幼儿发展他们的粗大动作技能一样，它也可以帮助幼儿发展其前庭感官系统，比如在沙子上奔跑、赤着脚画画以及摆弄可塑黏土等。

本体感觉系统可以识别一个人在空间中的位置，以及这个人接下来需要做什么。人体的皮肤、肌肉和关节都含有接收本体感觉信息的感受器，大脑则利用这些信息来确定身体的位置、运动方式以及肌肉需要发挥多大的力量。这种感觉有助于幼儿控制肌肉运动和身体姿态。如果本体感觉系统不能很好地发挥作用，幼儿就可能会显得笨拙（类似于有前庭障碍的幼儿）或者无法恰当地控制肌肉。例如，幼儿可能会进行不必要的奔跑并且会撞到东西，或者在轻轻一踢就足够了的情况下仍然用力踢球。脏乱游戏，特别是在户外环境中进行的此类游戏，会给幼儿提供练习肌肉运动、掌握协调性和体态技巧的机会。

脏乱游戏的好处之一是，它有助于大脑中神经连接的建立，这种神经连接会促使幼儿完成更为复杂的活动。产生这种神经连接的主要原因有两个。首先，在脏乱游戏中，多感觉系统会参与学习过程并接收不同类型的信息。例如，当一名幼儿玩弄剃须膏时，他就能看到剃须膏被旋转和挤压的样子，听到因触摸和移动剃须膏而发出的声音，闻到它独特的香味并感受到那满是泡沫的厚厚的黏稠质地。其次，脏乱游戏能提高幼儿的精细动作技能。其中，用手操纵游戏材料是十分常见的情况，幼儿的手在这个过程中经常会跨越身体的中线，例如，一个孩子伸出一只手用手指在一整张画纸上画出一条横线。当身体的某些部位跨越身体的中线时，大脑两个半球之间的交流一定比这些部位只作用于身体的一侧时更多。

语言的发展

脏乱游戏可以促进幼儿的语言发展，因为游戏材料的特性有助于鼓励幼儿进行对话。幼儿在接触黏黏的泥巴、橡皮泥或其他感觉材料时，会有许多触觉感受，他们自然希望用语言来描述这些感受。开放性的脏乱游戏材料也能轻松地被用于戏剧游戏和由此产生的所有对话中。例如，孩子们可以建造沙子城堡或用黏土塑造"人形公仔"，并利用这些物体创编故事。

认知的发展

如前文所述，脏乱游戏可以为幼儿提供多感官的体验，从而促进其认知的发展。在涉及多感官系统时，记忆是最有效的。例如，一个孩子用带有葡萄香味的紫色橡皮泥进行戏剧游戏时，如此丰富的感官体验（包括声音、气味、颜色和质地）会将这些游戏的记忆更为深刻地印在他的脑海中。简而言之，当幼儿通过多感官活动进行学习时，信息会更容易被检索和保留。

脏乱游戏还可以让幼儿对感官活动的不同特征进行比较。例如，幼儿将学会区分冷与热、软与硬。

社会情绪的发展

通过脏乱游戏，许多幼儿能够使自己的情绪平静下来，也就是说，学会了自己调节情绪。例如，争吵后很难平静下来的幼儿可以用可塑性黏土来"揉走"他们的沮丧之情。高度焦虑的幼儿也可以通过这种类型的游戏释放紧绷着的情绪。

对游戏的认知

教师和家长经常抵制以游戏为基础的学前教育，因为他们觉得孩子们会把时间用在穿花花绿绿的衣服上，而错过学习基本学业技能的机会。但是，教师和家长都需要认识到，游戏与幼儿园的任何其他活动一样可以促进幼儿认知能力的发展。下面列出了幼儿通过游戏可以习得的一些技能。

- 在艺术区画画时，幼儿将学会用符号表征他们的想法，这是阅读和书写的主要前期表现。
- 在穿脱衣服时，幼儿的精细动作技能得到发展，尤其是钳状抓握技能，这对幼儿学习握笔和书写是至关重要的。
- 在装扮区进行游戏时，幼儿通常会为自己的故事创编情节。学习创编具有开头、中间和结尾的故事是幼儿未来进行阅读与书写时所需要的关键技能，而将物品按顺序排列（排序）也是一项重要的数学技能。
- 在混合两种颜色的颜料或橡皮泥来创造一种新的颜色时，幼儿将学习因果关系，理解这个概念有助于他们学习数学运算。
- 在使用积木时，幼儿开始学习根据形状、厚度和大小进行匹配、排序、分类，这些都是重要的数学技能。
- 在玩积木时，幼儿的工程设计、科学推理和问题解决能力将会得到发展。操纵不同类型和大小的积木还可以增强他们的视觉记忆能力。

游戏之所以显得不重要，只是因为孩子们非常喜欢游戏，但许多成人认为工作和学习不应包括玩乐。然而，正如我们刚刚看到的，快乐游戏着的幼儿实际上也学到了许多不同的技能。这种类型的游戏使得幼儿喜欢来幼儿园学习，这种热情使教师更容易鼓励幼儿参与具有挑战性的新体验。游戏还允许教师向幼儿介绍新技能，因为在游戏中探索而产生的兴奋感往往会超过可能失败带来的压力。

游戏如何惠及整个家庭

以游戏为基础的学习环境不仅有益于幼儿，而且有益于他们的整个家庭。首先，在以游戏为基础的环境里成长起来的幼儿（与那些在活动室中被要求端坐于课桌前的幼儿相反）会展现出更多健康和快乐的迹象。幼儿需要经常活动身体，而允许幼儿活动的班级有助于创设一个互动的环境。在幼儿园里积极参与活动的幼儿会盼望去幼儿园，也更容易适应与家长的分离，并希望在一天结束时向家长讲述他们的经历。当幼儿在幼儿园倍感愉悦时，家长就可以毫无顾虑地投入并专注于他们的工作。

在群体环境中游戏的幼儿能够学会分享、协商和解决问题，建立新的友谊和尝试新事物对他们来说也更加容易。这些幼儿也能更好地应对家庭通常所经历的变化，如搬家、换学校或失去亲人。

鼓励在家中开展游戏

家长通常想了解，如何让他们的孩子在活动室之外的日常活动中也能更多地游戏。大多数家庭的日程安排非常繁忙，以至于很难在晚上和周末腾出大量的时间进行创作和想象。我们应当告知家长，不要过度地安排孩子们的日程表。在小学阶段，孩子们会有很多时间参加体育活动、舞蹈课等；但在幼儿园阶段，他们需要更多非结构化的时间来学习和成长。

家长即使不能将很多时间用在家里，但仍然有许多方法将游戏融入孩子的日常生活中。幼儿教育工作者可以鼓励家长采用以下活动来增加他们与孩子的游戏时间。

- 在车上玩一些简单的游戏，如"我是密探"，或者寻找隐藏在云朵中的图案。
- 同孩子一起做饭。这种脏乱游戏可以训练孩子的测量等数学技能以及倾倒和搅拌等精细动作技能。
- 在睡前阅读图画书的同时，家长可以和孩子轮流创编小故事，或者直接以之取代阅读图画书。
- 想办法把日常家务转化成游戏，比如，按颜色将袜子配对或者在把树叶装进垃圾袋之前让孩子体验跳进树叶堆的感觉。
- 把买菜变成一次寻宝游戏。不要直接提供正确的路线，而是让孩子想出在哪里能找到某种商品。
- 在洗澡时让孩子充分体验一些与水有关的游戏，家长可以在浴缸里放置量杯和勺子，帮助孩子了解大小和体积等概念。
- 在客厅里搭建一座毛毯堡垒，或者在厨房的地板上进行野餐。
- 一起唱歌和跳舞。寻找或创作一些有益于孩子处理日常事务的歌曲，如有关刷牙、穿衣或铺床的儿歌。

游戏、生成课程和入学准备

家长经常向教师咨询如何让孩子在家里练习读写和算术，他们往往希望教师推荐一些练习册。然而，学前儿童所需要的不是端坐在课桌前练习写字母或数字，而是需要将更多的时间投入到通过游戏实现的体验式学习中。当幼儿在幼儿园和家中都被鼓励玩游戏时，游戏就会成为他们日常生活中的一部分，他们的学习能力也会大大提升。为了持续提供这种鼓励，教师需要在给家长的日常反馈中或在网站、社交媒体上向家长提供游戏建议。教师的持续沟通有助于更好地向家长说明，为什么在生活中增加游戏时间是为幼儿上学做准备的最重要方式。

要向家长传达的关键思想是，即使不做练习册，幼儿也能在家中做好入学准备。家长应重视与孩子进行交流、互动，有时还要帮助他们充分发展创造力。例如，妈妈可以在车上与孩子交谈，聊聊他为什么喜欢住在冬季寒冷的地方，以及他喜欢寒冷的天气中的什么；在路边停车时，爸爸可以让孩子数一数飞过车顶的鸟有多少只；奶奶可以帮助孙女在客厅里设计一个"枕头城堡"，然后陪着孙女探索为什么城堡的右边总是倒塌以及如何解决这个问题。所有的这些互动中都包含着各项入学准备技能，孩子们会更倾向于参与这些对话或游戏，而不是在幼儿园游戏、学习了一天后，回家还要坐在桌子前完成练习册。

第4章
"我们已经有课程了"

即使不是大多数,但仍然有很多幼儿园遵循着已出版发行的课程来指导教师开展教学计划。一些教育者认为,既然已经采用了这样的课程,那么引入生成课程就不是必要的("我已经知道了需要教什么,一切都在指导手册里"),或者是与原有课程相矛盾的("我的领导说必须采用这些单元,但是生成课程要求我们让幼儿自主选择他们所学的内容,我无法两者兼顾")。事实上,许多高质量的课程是以生成课程的框架为基础的。此外,生成课程可以融入你已经采用的任何课程之中。本章将以几种广为流行的课程为例,探讨如何做到这一点。

生成课程与高瞻课程的融合

高瞻课程侧重于全方位地强化幼儿的主要发展领域,包括认知、语言、社会情绪和身体发展等,允许幼儿通过使用他们感兴趣的材料来构建学习。教师观察幼儿的兴趣,这样他们就可以针对幼儿的优势开设日常课程,并能够以一种激励幼儿学习基本技能的方式来创设环境。

生成课程与蒙台梭利学前课程的融合

就像生成课程一样,蒙台梭利学前课程强调观察每名幼儿,满足他们的个性化课程需求。蒙台梭利班级会为幼儿设计他们感兴趣的、有深度的学习项目,并且会时时为幼儿提供不受主题限制的材料。诚然,蒙台梭利课程所提供的材料与传统的以游戏为基础的学前教育课堂上的材料有很大的不同,但采用蒙台梭利学前课程的教师会根据他们对幼儿技能掌握情况和幼儿对新的学习领域的兴趣的观察来向幼儿推介学习材料。

例如,蒙台梭利班级很早就将地理知识纳入学前课程中。教师可能会先介绍土地、空气和水之间的区别,然后再讲解简单的地图。如果一个三四岁的孩子对地理饶有兴趣,那么他就可以开始学习包含各大洲和国家的地图中的地理知识。教师只需根据幼儿的兴趣,在他已经掌握的发展性技能的基础上进行教学。

生成课程与创造性课程和教学策略 GOLD 的融合

许多幼儿园使用创造性课程作为主要课程指南,并使用教学策略 GOLD 作为课程评估手段。创造性课程是一种建立在研究基础上的学前教育课程,它侧重于班级探索、社会互动和批判性思维。该课程有 38 个具体的学习目标,包括教授幼儿入学准备技能,从同伴互动到对物体进行分类,再到坐在椅子上保持平衡。教学策略 GOLD 是一个基于课程的评估体系,它与创造性课程相结合,用于评估每名幼儿在班级中取得的进步。在共同发展目标的指引下,该评估体系同样适用于家庭。

生成课程是对创造性课程和教学策略 GOLD 的一个很好的补充。

让我们来看看这三个工具是如何相辅相成的。

创造性课程和生成课程

相似之处

创造性课程和生成课程有许多相似之处。二者都重视实践学习，幼儿可以自由地探索班级环境，发展好奇心和问题解决能力；也都倡导自由选择时间和小组学习活动。重要的是，这两种课程都鼓励幼儿专注于探究那些他们认为有意义的主题。它们都采用了一种具有高度意向性的方法来创设环境、规划学习活动和挑战每名幼儿。

生成课程和创造性课程之间的相似之处同样影响着参与学前教育的教师。这两种课程都侧重于帮助教师向幼儿提出更多开放式问题，并将语言的发展作为班级中的主要教学工具。它们也都设法将家长纳入学习活动中，要么邀请他们进入班级，要么向他们发送信息介绍幼儿的学习情况。

不同之处

创造性课程的某些方面比生成课程更具有规定性。例如，创造性课程要求教师采用特定的日常小组活动和"每日一题"。然而，只要不过多地提前计划，就可以很容易地将这些内容纳入生成课程中。例如，提前1周而非1个月制订计划，将更容易设计与幼儿当前的需求及兴趣相关的日常小组活动和"每日一题"。

生成课程在学习过程中添加了一些成分，超出了创造性课程所概述的基本内容。生成课程要求重视活动室的美学，认为活动室的重点应当聚焦于幼儿的学习经验，所以活动室的布置要有意识地防止幼儿被外界的刺激干扰，比如避免在天花板上挂太多的装饰品。

与创造性课程相比，生成课程在活动室中开辟出一部分空间，将其设置为实验区，更加注重创作和开放性材料。也许这两种课程之间最大的区别在于，生成课程强调教师无须过于提前地制订课程计划。由于幼儿的兴趣经常变化，这种做法可以确保教师将幼儿当下的兴趣纳入课程中，这有助于保持幼儿的参与度。与之不同的是，创造性课程并没有规定教师应该提前多长时间进行课程计划。

教学策略 GOLD 和生成课程

教学策略 GOLD 能够与生成课程相辅相成，是因为使用教学策略 GOLD 作为课程评价体系的教师必须不断记录幼儿在班级中学习的技能。这个评价工具的学前版本列出了幼儿在班级中应该学习的 38 项技能。这些目标为采用生成课程的教师提供了很好的基准点，帮助他们设计活动来教授技能。此外，教学策略 GOLD 和生成课程都会评估幼儿的技能发展水平，并利用评估结果来规划后续的课程和活动。

结合使用创造性课程、教学策略 GOLD 和生成课程

创造性课程、教学策略 GOLD 和生成课程之间的确存在差异，但教师仍可以轻松有效地将它们结合起来，以促进幼儿取得卓越的学习成果。在有效运用这三个工具的课程中，教师不仅要观察幼儿，还要使用教学策略 GOLD 来确定幼儿目前对各项技能的掌握程度，然后合理地计划适合幼儿发展水平的活动。

这一步顺利进行的关键在于充分运用教学策略 GOLD 提供的数据，只需提前一小段时间制订计划，就能实时地（或接近实时地）使用这些数据。教师仍将专注于创造性课程所涵盖的学习目标，但可以使用幼儿感兴趣的适宜主题进行教学，并随着幼儿兴趣的变化而变换主题。教师甚至可以选择使用创造性课程的整体课程计划框架，包括教授其中规定的小组课程，这没什么不妥。但需要注意的是，要留心关注幼儿在一天中的提问和对话，并在班级中提供多种多样的开放性材料。

第 5 章
生成课程中的教师培训

在进入学前教育领域时，许多教师都带着对班级的周详构想。教师对待班级就像对待自己的家一样，里面的装饰和陈设往往表达了他们的想法与感受。教师们还会花费数小时选择主题，并根据他们感兴趣的主题制订课程计划。如果你作为幼儿园的管理者走进一位教师的班级，要求他改变原有的教学方式，那么这位教师可能会觉得其自我认同感受到了攻击。因此，你必须巧妙地处理这次谈话。至关重要的是，你需要告诉这位教师为什么他的教学方法应当有所改进，以及这种改进将会带来哪些好处。

要想在班级中顺利实施生成课程，教育工作者就需要具备一些特质。在基础层面上，教师必须心甘情愿地放弃一定程度的控制权（相对于计划每节课的每一部分而言），并敞开自己的心扉向幼儿学习。这可能会令人惴惴不安，尤其是对受过一定培训的教师来说。他们所接受的培训告诉他们要提前做好计划，每年都要完成特定的主题单元。但归根结底，大多数幼儿教育工作者从事该领域的工作，是因为他们希望把最好的一切呈现给所教的幼儿。所以，一旦这些教师了解幼儿能从生成课程中收获什么，他们就很可能欣然接受这种课程。本章将探讨如何帮助教师完成这一过程。

阐明生成课程的益处

和其他人一样,教师在转变他们做事的方式时也会犹豫不决,除非他们深切感受到这种转变能给他们带来什么。如果没有接触过生成课程,或者没有这方面的经验,他们就会更不情愿——如果新的方式并不会比目前所做的更好,甚至会更糟呢?为了应对这些保留性意见,在与教师探讨生成课程时应当将重点集中在两个主题上:生成课程如何使幼儿受益、如何使教师受益。

对幼儿的益处	对教师的益处
• 使幼儿产生内在的学习动力,并喜欢来幼儿园。 • 幼儿感受到自主权,并意识到他们可以学习自己感兴趣的东西。 • 幼儿得到支持以实现个性化的发展目标,因为课程计划充分反映了当前幼儿群体的需求。 • 幼儿可以享受学习的过程,因为教师不会强迫他们创造某种最终成品。	• 教师不会浪费时间准备幼儿不感兴趣或不受益的预制材料。 • 教师需要处理的问题行为较少,因此他们可以花更多的时间与幼儿互动。 • 教师可以和幼儿一起探索主题,继续成为终身学习者。 • 教师不必重复使用导致他们墨守成规的课程计划。 • 教师可以将对幼儿的评估纳入班级活动中,而非让幼儿将额外的作业带回家。

激励经验丰富的教师追随幼儿的步伐

经验丰富的教师可能会抵制改变多年来行之有效的教学方法,这是可以理解的。此时可利用第2章的信息来揭示有关生成课程的常见迷思,减少这些教师的担忧。然后,远不能止步于此。下列活动将有助于经验丰富的教师开放地尝试生成课程。

1. 在儿童主导的课堂中进行观察。
2. 见证你对生成课程的支持。
3. 与管理者沟通并接受管理者提供的培训。
4. 听到自己认可个别教师的优点。
5. 见证来自幼儿家长的支持。

安排教师进行观察

任何管理者都可以直接告诉某位教师，对生成课程的误解是不可取的。但是，如果能让这位教师观察一次富有成效的生成课程实践，他将会获得确凿的证据，证明这种方法对教师和幼儿的好处。指定一位教师去观察可能会存在一些困难，因为管理者将不得不平衡工作人员和日程安排，以确保在该教师外出时其他教师与幼儿的比例仍满足要求。但这些经历是说服教师最有力的方法，可以让他相信新方法不但是可行的，而且值得一试。

为了安排教师进行观察，应首先找到一个已经采用儿童主导课程的幼儿园或班级，并与那里的工作人员建立良好的关系，以便你所在园的工作人员可以不时地在活动室里观察一整天。全天的观察不仅可以使教师观察到幼儿的自由选择时间，还可以捕捉到许多基本的日常活动，如吃饭、如厕、休息和过渡。当把一所幼儿园的预设课程变为生成课程时，上述这些都是需要重点关注的地方。

展现你对生成课程的不懈支持

如果你是一位想在幼儿园中实施生成课程的管理者，你就必须全情投入到这个过程中。这种重大变化需要采取自上而下的方法，以便所有班级都共同进行必要的改变。这种方法还有助于你更好地协助经验丰富的教师，为他们提供培训、材料和支持，帮助他们改变多年乃至几十年的实践和习惯。

在这个过渡时期，教师需要管理者频繁出现在班级中，参与儿童主导的活动，为教师提供示范。当教师实施新的教学计划时，你需要支持他们。经常观察班级，以便在教师有问题时提供必要的反馈。没有你的支持和坚持不懈，幼儿园就无法发生大规模的变化。

尽早且经常进行沟通和培训

沟通和培训是幼儿园转型的重要组成部分。在你期望教师完全实现转变之前，应该开始进行有关生成课程的培训。一旦教师接受了他们所需要的培训，你就要为教师实现系统的转变制定一个合理的时间表，并阐明你对教师的期望。他们需要了解转变的步骤和这些变化背后的原因，以便主动且有效地参与其中。

家长很可能会对生成课程有所疑问，并且想知道这对他们和孩子意味着什么。应当把家长在班级中看到的变化作为你与家长定期沟通的内容之一，鼓励家长直接向你或其他管理者提出关于生成课程的任何问题，以便教师投身于与课程改革相关的责任中。

一步一个脚印地改变

如果，一天早晨，你走进办公室，发现室内家具被重新摆放，墙上也换了新的装饰物，还发现了一张注明"立即生效"的通知条，上面明确要求你按照办公桌上的一份 500 页的详细手册，采用一种你从未听说过的管理哲学，你会做何感想？你可能会当场辞职！同样，在向生成课程过渡时，你如果试图一次性地改变教师工作的方方面面，就可能导致教师们不知所措。因此，要明确具体的推进步骤，帮助教师实现必要的转变。

例如，你想让教师们制订儿童主导的课程计划，关注班级幼儿展现出的兴趣和发展需要，就可以将这个过程分解为以下步骤。

1. 由你本人或其他管理者向教师介绍以课程为基础的幼儿评估

体系，如教学策略 GOLD，并向教师展示如何使用它追踪每名幼儿的发展。

2. 安排培训课程，向教师展示如何运用基于课程的评估数据来规划教学活动，以应对班级中幼儿的不同发展水平。

3. 在班级中示范观察技巧，并向教师展示如何了解幼儿个体和群体的兴趣。

4. 与教师进行一对一的交流，进一步探讨如何根据幼儿的发展里程碑和兴趣制订课程计划。

5. 安排一次专门的教师会议来讨论课程的时间规划，尽可能在临近课程实施之时创设课程。教师需要认识到，在实施生成课程时，他们无须提前数周或数月进行计划，这与他们已有的教学习惯是截然不同的。

目前没有采用生成课程的幼儿园可能需要 6 个月到 1 年的时间才能施行，这看似是一段很长的时间，但实现这一过程是可行的。关键在于与教师们沟通，并秉持切实有效的时间表，而不是试图在一夜之间替换原有的课程体系。

案例研究：杰茜卡成为生成课程的追随者

我有一位朋友，叫杰茜卡，她的职业生涯开始于一所教堂创办的幼儿园，这所幼儿园使用主题单元教学法。她在学前教育机构光明前景（Bright Horizons）工作时初次听说了生成课程，这一机构要求教师使用这种方法。杰茜卡接受了一些关于生成课程的初步培训，但当她开始教学时，她很快意识到自己仍然不知道如何运用生成课程。在最初的两个月里，她每天都哭着回家。她花了几周的时间质疑这种方法的基本原理，但后来有一天，孩子们使她的想法发生了转变。

杰茜卡所教的幼儿塔梅隆对机器人很着迷。他每天来到幼儿园都会谈论关于机器人制造的方方面面的内容以及它们的运转原理。他甚至使用艺术区的开放性材料创造了一个和原物一样大小的机器人。不到两周的时间，全班幼儿都对机器人饶有兴趣，杰茜卡和孩子们最终用了一整个单元的时间来研究机器人。当杰茜卡看到孩子们对于他们自己选择的主题充满热情时，她知道再也不能像从前那样自己预设好整个课程。自那时起，她开始接受生成课程。

赞赏教师的成功

大规模地进行课程改革，实施生成课程，可能会使教师怀疑他们以前对幼儿的教导是否正确（"如果我们做得很好，那么为什么要改变"），所以他们可能从一开始就忐忑不安。教师还必须学习和实践多种新技能，因此即使是最自信的教师，在这个过程中也时常会进行自我怀疑。在过渡期间，所有教师又变成了学生。他们正在学习以一种新的方式做教师，难免会觉得有人在"修补"他们的核心。谁不会或多或少地有些紧张呢？

在这段时间里，所有管理者都需要对教师进行不懈的鼓励和支持。许多领导整日对教师进行泛泛的表扬（如"你做得很好"），但这种表扬对教师来说是空洞的。正如要求教师一旦看到幼儿的积极表现，就立即给予明确的表扬一样，管理者在培训教师时也要这样。同样，如果教师即时收到真诚的反馈，那么他们也能意识到自己所掌握的技能，并为自身的行为感到由衷的自豪。下列的赞美之词可供参考。

- "我很喜欢看你帮助萨姆查找问题的答案。"
- "你很努力地让孩子们在午餐时间自己传递餐盘。"
- "我看到你在课堂上用开放式问题与全体幼儿进行交流，非常感谢你做出这种改变。"

有时候，管理者对教师进行褒奖，就像在待办清单上划掉一项任务一样。要注意一点，即教师可以辨识出不真诚的赞美，并因此可能会心怀不满。此外，要找到符合教师既定期望的表扬方式，编造赞美之词无助于教师理解本职工作。事实上，这很容易使教师误解你想从他们那里得到什么或者他们应优先考虑什么，因为你所赞美的东西就是你想更多地看到的东西。例如，如果你对教师凯莉说"我喜欢看到你和孩子们一起工作时洋溢的笑容"，她可能会理解为"微笑很重要，我希望你能继续保持"。面带微笑确实有助于营造温馨的班级氛围，但这也许并不是凯莉最应该关注的内容。

当然，与每位教师都建立良好的关系十分重要。你可以并且应当与教师加强沟通，并给出发自内心的评价，如"我喜欢你今天穿的衣服"。然而，在指导性谈话中，你应该具体表扬教师在班级中展现出的有效技能。

教师要想在班级中获得成就感，就需要获得来自两个独立来源的积极反馈：管理者和家长。管理者需要与家长交流教师的辛勤工作，以便家长了解班级情况。可以采用以家长看得到的方式赞赏教师。许多幼儿园评选"每月最佳教师"，或给个别教师颁发奖励。这两种奖励方式都很好，但它们一次都只能奖励一位教师。相反，应当找到更加令人瞩目的方式，为全体教师开展庆祝活动。下面的一些方法值得尝试。

- 利用公告栏或社交媒体页面发布教师在班级中开展特别活动的照片。这些照片可以展示教师个人或教学团队，但要确保将幼儿园的全体教师包括在内。注意：在张贴照片（包括公告栏）之前，要获得照片中所有人员的书面同意。如果照片中包括幼儿，你就必须取得其家长的书面许可。

- 利用每周或每月的新闻简报来表彰教师的个人才能。
- 利用活动室内的公告栏，向家长展示教师正在帮助幼儿学习的技能。例如，你可以挂出一个牌子，上面写着："看我在学什么！"其后列出教师在班级中教授技能的要点，如"用开口杯喝水"或"自己准备午饭"。许多家长并不知道他们的孩子拥有怎样的技能，因为孩子们在家里没有机会展现这些技能。当家长得知自己的孩子掌握某项技能时，他们往往会感谢教师。
- 当家长们参与策划感恩教师的活动时，应当鼓励他们关注全体教职员工，而不只是个人，这样所有教师都能感受到谢意。

许多教育工作者在学前教育领域工作多年，因为他们从同事和领导那里得到了很多鼓励和支持。受到尊重和赞赏，会使教师感受到他们的工作是有价值的。如果教师能看到他们对幼儿及其家庭的影响，他们下班回家时就会充满成就感。当教师感到气馁时，要注意提醒他们，他们与幼儿及其家庭的关系蕴含着多么大的能量，这是他们在这个领域中所能获得的最大褒奖。为幼儿的生活带来意义，这一愿望驱使着大批教师将自己的一生投入教育领域。当面对艰难的一天时，要让教师们关注自己所做的积极改变，从而获得不竭的动力。

培训新手教师，让他们追随幼儿

尽管新手教师可能没有太多的工作经验，但他们初入幼儿园任教时往往十分愿意学习。这对任何幼儿园来说都是一笔巨大的财富。新手教师在这一领域投入的时间往往并不充足，还没有养成坏习惯，也没有形成确切的工作期望，所以管理者会更容易地培训他们运用生成课程，以满足园所的特定期望。这种培训是至关重要的，如果新手教师觉得自己缺乏技巧和能力以胜任该项工作，他们就有可能选择离开，去寻求那些能使他们获得成就感的工作。

培训过程涉及以下内容。

- ◆ 国家规定的培训
- ◆ 班级观察
- ◆ 职业指导
- ◆ 实时反馈
- ◆ 留任访谈（将在本章后续予以说明）

国家规定的培训

美国各州均要求针对幼儿园的教师和管理者进行专门的培训。培训的主题涵盖健康、安全要求以及识别对幼儿的虐待。教师在与幼儿相处之前，必须接受强制性的背景调查。为了遵守法律和法规，对新手教师的培训一定要从这些要领开始，并持续更新所有必要的培训记录。

班级观察

一旦新手教师完成了国家规定的培训学习，就可以让他们在不同的班级环境中进行观察。最理想的情况是，在入职的第一、二周开展这一活动。但如果原有的教师人数不多，这就可能行不通。然而，要尽可能地在入职的前三个月为教师们安排观察活动。观察能够使新手教师听取不同教师的观点，并将其引入生成课程的开展过程中。

在可能的情况下，让新手教师观察不同年龄段幼儿所在的班级情况。这可以让新手教师看到课程发展的连续性，以及幼儿所取得的成就。由于幼儿的发展速度不同，这些观察也可以让教师了解如何与那些发展速度快或慢的幼儿打交道。例如，一位新手教师将在幼儿园工作，那么让他观察幼儿班级是有帮助的，这样他就能为具备较高水平发展技能的幼儿找到潜在的活动。这种在多样的环境中进行观察的机会，也有助于新手教师认识同事并建立同事关系。

职业指导

在新手教师完成入职培训并在一定程度上适应了幼儿园后，可以指派另一位教师作为导师，指导和协助新手教师进一步掌握学习技能，并了解更多有关幼儿园和他将教的班级的信息。导师不需要有几十年的经验，但应该能够在班级中充分展现幼儿园的理念。虽然作为导师需要花费大量的时间和精力，但许多教师都十分荣幸能够拥有这个头衔并且与幼儿园主任合作，确保他们（导师）能够胜任。这样的职业指导还为那些最终想要成为管理者的教师提供了绝佳的锻炼机会。

你和导师需要共同商定要教给新手教师的内容。导师的一对一教学，如评估、制订课程计划或家庭式用餐等，往往比让教师参加同一主题的多场小组培训收效更佳。但是，导师不应该包揽新手教师全部具体的培训任务。你和管理团队也需要与所有新手教师建立关系，特别是要让新来的教师感到你是亲切的，可以向你提出问题或困惑。在培训主题的分工方面，导师和管理者应该主要关注双方的技能与培训主题的适配度。你和其他管理者可能更想负责工作期望、绩效评估等方面的培训，因为你们就是负责监督这些事项的人。

实时反馈

当新手教师逐渐开始承担更多的责任时，比如，第一次领导小组活动或编写第一份课程计划时，要及时给予他们反馈。例如，你旁听新手教师拉梅萨上课并十分欣赏她和孩子们温柔、有趣的互动。当你将自己的看法反馈给拉梅萨时，如果她能够记住当时的情形和她相应的做法，她就更有可能再现此类互动。这意味着，越早给教师提供反馈，效果就越好。一味地等待年度绩效评估，无助于培养出精进不休的教师。在一年的工作临近尾声之时，教师已经形成自己的工作习惯，并开始形成自己的教学风格，这可能与幼儿园的期待不谋而合，也可能背道而驰。所以，正确的做法是，你在整个学年中都应当不断地与教师进行交流，了解他们在发展哪些技能以及已经掌握了哪些技能（本章后面的部分将更多地讨论有关绩效评估的问题）。

如何平衡给教师的正负反馈，是困扰众多管理者的问题之一。不可否认的是，教师如果经常收到负面反馈，就难以有出色的表现。你需要提供积极和消极的评价，以真正使教师受益。但是，与其关注反馈中积极与消极部分的比例，不如将重点放在提供反馈的方式上。

幼儿园应当努力建立这样一种文化：允许每个人出错，包括教师、导师和管理者。他们可以在不担心后果的情况下自觉承认错误。要在入职的第一天就向他们传递这种理念，并在整个指导过程中强调出错也是生活的一部分。他们应该承认错误，并想办法避免今后重蹈覆辙。挑选出的导师也必须具备这样的特点，如果受人尊敬的导师勇于承认自己的不足，新手教师就更可能正视自己的错误。

一旦教师愿意承认错误，你就可以和他们搭建起支持非正式反馈的良好关系。需要注意的是，反馈无须来自令人生畏的办公桌后面，你可以而且应该以闲谈的方式提供反馈。在这些闲谈中，要确保自己能够倾听教师的困惑，并将重点放在他们身上，而不是插嘴讲述自己的故事。还要注意多采用开放式的问题和表达，帮助教师集思广益，应对各种情况。

在给予任何形式的反馈时，你都要尽可能地做到真诚和真实。一方面，坦诚的沟通最初可能会令人尴尬，但同样也会赢得教师们的尊重，并有助于他们了解你的真实期望。另一方面，缺乏诚意的反馈对教师（或者任何人）来说是难以接受的。如果你对他们不坦诚，那么他们为什么要信任你呢？

> **案例研究：与温迪一起回顾一个事件**
>
> 幼儿园主任杰曼正在观察新手教师温迪所带的4岁幼儿班级。艾萨克和埃米莉之间爆发了争吵，他们都想使用大肌肉运动区的一个小垫子。温迪正犹豫着要不要干预时，埃米莉突然用力推了艾萨克一把，使他重重摔倒在光秃秃的地板上，险些喘不过气。巨大的声响以及艾萨克躺在地上的情形吓坏了其他孩子，其中一些孩子开始哭闹或叫喊。
>
> 杰曼介入其中，帮助温迪把艾萨克送往医务室，同时恢复班级秩序，并正确记录和报告这一事件。值得庆幸的是，艾萨克伤得并不重。傍晚，孩子们离开后，杰曼对温迪说："今天好忙，是吗？和我聊一聊埃米莉和艾萨克吧，你觉得是怎么回事？"
>
> 温迪叹息道："我感觉当时很糟糕，也不知道应该怎么做。因为我的经验是应该让孩子们尝试自己解决争端，但这次的争端升级得太快了。"
>
> 杰曼点点头，说："对这个年龄段的孩子来说，倾诉是一项需要学习的新技能，所以当他们感到沮丧时，往往就会忘记自己应该做什么。你觉得，自己可以做些什么来防止下一次争吵的升级呢？"
>
> 温迪沉思了一会儿，说："我可能会马上去孩子们那里，然后……"

绩效评估

如果你与导师、新手教师就绩效及反馈进行了持续的对话，那么对新手教师来说，绩效评估就不会是一件令人望而生畏的事。这些仅是用来为即将到来的一年设定现实目标的时间。因为你已经向教师提供了定期的反馈，所以不应该告诉他："这就是你的困难所在，你应该在今年找到改进的方法。"取而代之的是，你可以将责任移交给他，让他去寻找新的成长方式。这种做法对你们双方都有好处：你不必替教师做出决策，教师可能会产生更大的动力去实现自己树立的目标。

留任访谈

许多企业会采用离职访谈的方式来收集离开公司去做其他工作的员工的信息，而留任访谈是从决定留在公司的新员工或有经验的员工那里收集相同类型的信息。你可以利用这个机会向教师了解情况，看看他们对自己的岗位是否满意、是否想留在这个岗位上或是想获得晋升、是否想学习新的技能或以其他方式在职业生涯中取得进步、是否需要管理者提供更多的支持以使自己更好地胜任工作。在这种类型的访谈中，要全身心地关注教师，并接受他们对幼儿园和管理质量的反馈。

你在留任访谈中收集到的信息可以用于改善幼儿园的整体状况，并帮助教师推进其职业生涯。这种类型的访谈也可以帮助你了解，教师是否已经形成对新职位或职业发展的规划。例如，一位正在读大学的教师可能会在访谈中提出，他计划在你的幼儿园中再待三个学期，然后在取得学位之后离职。这就有助于你规划时间，以培训替补教师并使其适应班级。

当教师离职时

尽管你已经尽力为教师提供了坚实的培训基础，但总会有一些教师认为他们不适合这所幼儿园。你需要意识到，并非所有的教师流失都是坏事。当一位教师意识到他没有什么技能或不喜欢与幼儿打交道时，即使有大量的培训、指导和实时反馈，这一认识对你的幼儿园和他也都有好处。没有人愿意从事一份让自己痛苦的工作，一位痛苦的教师对幼儿、同事和家长都没有什么好处。尽管失去了这位教师，但同时为你打开了另一扇大门，你可以雇用一位对幼儿教育工作有更大热情并认同你的办园理念的教师。

当一位教师辞职时，你和园中的其他人在情绪上会稍有低落之感，因为他已经与你、其他教师、幼儿和家长建立了关系。你或许会忧心于要通知幼儿家长教师变动的情况，尤其是在知道家长也可能会为此感到沮丧之时。然而，如果有一名经验丰富的教师顶替之前的教师，家长们就会感到更加安心。随着家长们逐渐信任新来的教师，他们之间将建立新的关系。

第6章
向家长阐释生成课程

如果将学前教育看成生意,那么家长就是消费者。在选择幼儿园时,大多数家长都会仔细研究其所在地区的幼儿园,并试图找到一个他们能够负担得起的最佳选择。他们的主要目的是寻找一个安全且充满爱的环境,让有能力的成人照料并保护他们的孩子。一旦家长找到了一些能够满足这些基本要求的幼儿园,他们就开始关注次要的细节,如地点、费用、资格认证、声誉和课程,包括幼儿未来各项入学准备技能的习得程度。

许多家长希望自己的孩子能够为上小学做好准备,但只有部分家长准确地了解孩子在上小学前需要掌握哪些技能。家长通常会从有较大孩子的朋友和亲戚那里获知信息,以此形成他们对入学准备的预期,也对幼儿园应当教什么有了一定的想法。家长的期望也基于幼儿园的学费,学费越高,他们越期望从该投资中获得更大的回报。

了解家长的期望

当家长联系你所在的幼儿园并开始申请时,你就应当与家长展开对话。幼儿园通常都备有推广材料和家长手册,用来发给那些有意向让孩子注册入园的家长。家长们会在管理者的陪同下来到幼儿园参观,以了解幼儿的学习环境。管理者负责介绍师幼比、幼儿教师的受教育水平及工作经验。家长们可以利用这些信息为他们的孩子做出明智的选择。

在申请的过程中，幼儿园也应该开始从潜在的家庭中收集信息。毋庸置疑，从文书工作中可以获得许多数据，包括孩子的出生日期、个人成长史以及家长的联络信息。这些信息需要以文件的形式加以保存。同时，在带领家长参观的过程中，你也应当着手了解家长对幼儿园抱有怎样的期望。有些家长单纯希望幼儿园能够在家长工作时确保他们的孩子平安无恙。当他们的孩子习得各项入学准备技能时，这些家长通常会欣喜不已。有的家长也许会列出他们希望孩子掌握的技能以及孩子掌握这些技能的时间表。

为了建立对孩子发展状况的合理预期，家长们有时需要获得一些帮助。这既有利于幼儿园，也有益于幼儿。如果家长想让孩子获得超前的技能（比如，在1岁前就完成如厕训练），他们就会很容易对孩子感到失望。有时，有的家长甚至会开始惩罚孩子，因为孩子没有使用家长期望的技能。同样，当一些家长为孩子注册入园时，他们期望孩子在3岁时学会写自己的名字，在4岁时开始阅读，如果这些没有实现，他们也许就会对幼儿园表示不满。但实际上，总有一些孩子发展得比其他孩子更快，家长们需要了解孩子的发展里程碑，以便形成对孩子在幼儿园学习情况的合理预期。美国儿科学会（American Academy of Pediatrics）便是教师为家长提供有关儿童发展里程碑的有效信息的来源之一。

让家长了解班级里发生了什么

在接受教育和经验积累的过程中，幼儿教师具备了关于幼儿能力的丰富知识，他们更需要与家长分享这些知识。过去，幼儿园主要通过纸质材料向家长传递这类信息。而现在，许多幼儿园开始利用不同的媒体平台来分享此类知识。科技可以为家庭教育提供一种简单、便利的方式，但仍有一些课程最好是面对面教授。例如，教师需要分享棘手的信息，比如当观察到幼儿的挑战性行为或某些发展性技能掌握得不好时，最好的方法是坐下来和家长面谈，确保他们能够理解教师的担忧，反之亦然。幼儿园必须在这些沟通方式中找到一个平衡点，以便有效地为家长服务。让我们一起来探索一些有用的沟通方式。

家长开放日

许多幼儿园会在临近开学时举办家长开放日活动，向家长介绍幼儿园的教育理念以及对刚入学幼儿的发展期望。你如果要举办家长开放日活动，就要让孩子们待在家里，以减少对家长的干扰。当家长带着孩子参加幼儿园活动时，他们往往会在整个活动期间都担心孩子的行为，即使断断续续地听了些活动内容，但也会错过很多有效的信息。

家长开放日是一个很好的机会，教师可以更加充分地与家长探讨生成课程是如何在幼儿园中发挥作用的。许多家长更加看重一些较为直观的日常学习成果，从而判定自己对孩子学习方面的投资是有显著回报的。为此，你需要向家长解释，在采用生成课程的幼儿园中，幼儿不会每天都带着作品回家。你需要帮助家长了解，幼儿创造了什么并不重要，重要的是他们如何创造。许多幼儿园通过探讨探索发现的科学过程来解决这个问题。家长们通常想要他们的孩子尽早开始学习数学和科学，所以当教师用开放式提问和科学的方法解释有关教学的问题时，许多家长会逐渐对纸质作品的减少持开放态度。

在家长开放日，还可以让家长参观活动室，看看幼儿每天使用什么类型的材料。这样，家长就有机会向教师请教每种材料在学习环境中的作用。这种背景知识将对孩子们有好处,因为当孩子回家谈论班级活动时,家长就能明白他的意思并更容易参与讨论。

家庭教育夜

家长开放日旨在向家庭介绍学校的整体情况,而家庭教育夜侧重于介绍特定的教育主题。例如,第一个晚上可以重点介绍幼儿园如何运用评估来制订课程计划,第二个晚上可以展示教师如何根据幼儿的兴趣选择儿童主导的项目主题,第三个晚上可以让家长在不同的活动室中走动以了解不同学段的教学团队如何制订课程计划,还有一个晚上可以用来安排关于生成课程的小组讨论和问答环节。家长需要了解的是,虽然同一学段的教师每年往往教授相同的发展性技能,但通常是每个班级的幼儿选择课程主题,这些主题是幼儿学习所需技能的媒介。

理想情况下,幼儿园应该在整个学年中举办两三次家庭教育夜,以帮助家长了解幼儿园的课程和教育理念。你如果不知道如何决定家庭教育夜的主题,那么可以参考家长向教师和管理者提出的问题,还可以根据你在过去几年里已经涉及的主题以及当前家长有所关注的主题进行选择。这类活动的有益主题可包括以下内容。

- ◆ 幼儿园的评估体系以及家长和教师如何就结果进行沟通
- ◆ 幼儿园采用的有关特定技能或主题的课程,如"快乐书写课"(Handwriting without Tears)
- ◆ 例行常规和日程安排的重要性
- ◆ 以游戏为基础的精细动作活动如何培养幼儿的书写技能
- ◆ 幼儿园班级中用到的社会情绪能力
- ◆ 真正的入学准备是什么样的,为什么学业学习只是其中的一部分
- ◆ 家庭式用餐
- ◆ 语言技能对幼儿早期读写能力的影响

◆ 项目式学习

资源列表

有些家长总是想更多地了解孩子在学习什么，以及如何为他们的入学做准备。当幼儿园没有提供相关资源时，这些家长通常会转向互联网以寻求更多信息，他们也许会获得有关学前教育的发展适宜性信息，也可能一无所获。为了避免这种混乱，幼儿园应该列出一份资源清单，让家长能够找到准确的信息。这份清单涵盖的信息应当包括以下主题。

◆ 儿童发展里程碑

◆ 发展迟缓

◆ 当地的儿科医生和幼儿专家

◆ 生成课程

◆ 项目式学习

◆ 幼儿园使用的教学策略 GOLD 和 / 或其他评估方式

你可以制作一个数字文档来轻松地创建这个清单，该文档应包含教育类网站的链接，这些网站上会分享有关选定主题的准确信息。你可以将这个清单发布在幼儿园的网站上，作为面向所有家庭的资源；或者将该清单私人化，只把链接发给那些单独向幼儿园教师询问幼儿发展或早期学习问题的家长。完成这份清单后，应指定一位教师定期检查，以根据需要更新链接和联系信息。

改善班级的沟通情况

幼儿每天和教师在一起的时间比和家长在一起的时间更长，因此幼儿园需要和家长沟通班级幼儿的整体学习情况和幼儿的个人情况。教师通常会分享他们的每周课程计划和整个班级的总体目标，但是当某个孩子在学习上有所突破时，与其家长分享这个激动人心的时刻也至关重要。这可能会比较困难，因为在全日制的幼儿园中，家长们可能无法在接送孩子时都有机会与同一位教师交谈（我们稍后会说明原因）。因此，教师需要一种方法来规范和简化教师之间以及教师与家长之间的沟通，以便每个家庭都能收到有关孩子健康、气质和发展情况的必要信息。

理想的情况是，在幼儿园里，同一个教学团队每天都在一起工作，共同制订课程计划。教师们错开上课时间，这样早上家长送孩子的时候至少会有一位教师在场，晚上接孩子的时候也至少会有一位教师在场。但在中午的时候，应重叠安排教师们的班次，这样他们就可以分享幼儿信息，一起教授重要的课程。在这种情况下，教师可以很好地了解幼儿的家长并且能够交流重要的日常信息，解答常见问题或家长特有的疑惑（如"我们今天做了 X、Y 和 Z"或者"你想了解费利西娅的语言发展情况。今天早上，她……"）。

为了确保教师与家长之间的沟通，当一位或多位教师不在场时，知情的教师需要将发生的重要事件传达给团队中的其他成员。比如，一天早上，4 岁的夸姆学会了系鞋带，教师万斯同他击掌庆贺。那天下午，搭班教师朱利奥来接班，万斯将这件事告诉了他。这样，无论哪位教师在放学的时候看到夸姆的家长，都会分享这个激动人心的消息。

请记住，这是教师与教师以及教师与家长之间理想的沟通状态。许多不同的因素会影响幼儿园中的实际沟通方式。

案例研究：常见的沟通障碍

现在是上午 7 点 30 分，在奥费利娅主任的幼儿园里，所有常见的人事问题似乎都同时上演了。在教师队伍中，纳拉尼正在休假；

泽维拉与医生有约，要 8 点 30 分才能到班；现在昆廷也打电话请了病假。奥费利娅开始打电话，想找个代课教师来接手这一天的工作。

终于找到了一位代课教师，奥费利娅走出办公室去迎接入园的幼儿和家长。在送完女儿米歇尔后，贝克夫人来到奥费利娅面前，想要咨询接送孩子的程序。幼儿园手册上指出，家长通常应该向教师提出这类问题。然而，就在上周，米歇尔班上的教师突然辞职，另一位名叫埃琳的代课教师接管了米歇尔的班级。奥费利娅知道，许多家长还不太愿意接触埃琳。于是，奥费利娅轻松地回答了贝克夫人的常见性问题，但她确实无法提供昨天下午米歇尔班级中所发生的事情的具体细节，因为她当时并不在场。她建议贝克夫人和负责米歇尔班级下午教学工作的教师薇姬谈谈，薇姬当天晚些时候会到。贝克夫人同意后离开了。

回到办公室后，奥费利娅给所有教师及代课教师发了一封邮件，甚至包括那天不在园的教师。那天的人事安排情况比较混乱，正好可以成为提醒大家多加留意教师之间共享信息的规定和程序的时机。

简化沟通的方法

正如奥费利娅主任所面临的处境，发生各种事件和复杂状况的可能性是存在的，教学人员需要制订一个妥善的计划，使教师与教师之间以及教师与家长之间的沟通尽可能简化。下面提供了一些方法。

- 使用每日对接记事簿，上午的教学团队可以在其中记录信息，供下午的教学团队与幼儿家长分享，反之亦然。
- 为每名幼儿填写由两部分（上午和下午）组成的日常记录表，并在一天结束时将其交给家长。
- 当许多人需要获得相同的信息时，可以通过应用程序向家庭或教学团队群发信息。但是，在采用这种方式联系他人之前，请确保获得其准许。

如今，一些幼儿园使用软件程序，这样教师就可以使用电子日报表。教师会录入一些适用于所有幼儿的信息，如当天的膳食和教学计划活动，这样软件程序就可以自动填充这些栏目。随后，教师可以为每名幼儿填写个性化的信息，比如，添加每日个人照片和评语。在一天结束时，这些表格会以电子邮件的形式被发送给家长，因此，即使负责做特定记录的教师在接孩子的时候已经离开了，家长也可以收到有关孩子的所有日常信息。管理者还可以使用相关的应用程序向所有家长发送更大规模的提醒消息，如"明天是拍照日"。

教学策略 GOLD 采取了类似的技术。评估结果是"活"在网上的，家长可以登录并查看幼儿的日常记录。教师可以使用在线系统向家长发送信息，还可以上传照片以记录幼儿的发展情况、活动和学习不同技能的过程。尽管不能见证，但在看到这些照片时，家长们也会为孩子所受到的优质照护倍感心安。

一些幼儿园安装了视频摄像头，让家长观看实时画面。这样家长们就可以在白天登录系统，查看孩子在活动室里的情况。但这种沟通系统既可以产生积极影响，也会带来消极影响。高度透明化无疑有助于让家长放心，然而，此类系统也引发了重大的隐私问题。一些家长会反感陌生人在互联网上观看他们的孩子。如果一名幼儿存在残疾或其他身体状况，他的家长或许就不想让其他家长知道孩子在班级中接受特殊教育服务或处方治疗。在给幼儿换尿布和如厕的时候，摄像头的存在也会让隐私保护成为难题。

实时视频系统的另一个缺点在于，它很难展现事件的全貌。摄像机通常被放置在可以捕捉到最宽广视野的地方，但这个视野可能无法覆盖整间活动室。如果在镜头视野的边缘发生了什么，观看者很容易误解其行为。即使一个令人担忧的事件发生在摄像机的拍摄范围内，颗粒状的图像也会让人对教师或孩子的实际行为产生怀疑。

在你准备安装活动室摄像头、开始直播或两者兼顾之前，请充分权衡利弊。在不与家长分享视频原片的情况下，你仍然可以有效利用这些视频中拍摄到的静态图像向家长说明幼儿的一天是如何度过的。

召开有效的家长会

家长会能够为家长和教学团队之间的高质量沟通提供条件。花时间坐下来讨论幼儿的发展，对家长和教师来说都有好处。教师可以分享幼儿在幼儿园做了什么以及他们的技能是如何增进的；家长是了解自己孩子的真正"专家"，他们可以提供宝贵的细节，说明孩子喜欢什么以及家长在孩子学习和行为管理方面采用了怎样的策略。

消解家长的抵触情绪

一些家长不喜欢参加家长会，因为在他们的童年时代，只有他们在学校惹麻烦时才会召开家长会。因此，这些家长可能认为，任何家长会的邀请都意味着他们的孩子惹出了麻烦。即使真的进园参会，他们也可能从进门的那一刻起就开始有所防备。

教师和家长都需要把家长会看作学习的媒介，而不是对幼儿的管教规训。家长应该充分体验积极分享信息的过程，这样他们就能感受到自己和教师是在同一个团队中共同为了造福孩子而努力的。为了实现这个目标，可以尝试每年定期举办两三次家长会。如果每位家长都被邀请参加会议，他们就不太会对召开家长会的原因做出消极的猜想。

安排时间表

尽管传统的家长会通常是在教学楼中依据严格规定的时间面对面地展开；但如今，教师有了召开家长会的其他方法。

- ◆ 家访
- ◆ 电话会议
- ◆ 视频通话

请记住，在选择会议召开方法时要考虑如下几个因素。首先，你如果为一位家长提供了到幼儿园面对面开会之外的另一种选择，就需要为其他家长也提供这种选择。其次，如果幼儿园要求家访，那么请做好必要的安全预防措施，比如，每次家访都要和同事一起去并提前打电话以确保幼儿家长能够在约定的时间等候。最后，如果你采取电话会议或视频通话的方式与家长沟通，那么请提前将必要的文档通过电子邮件的形式发送给家长，以便他们能够在会议期间与你一起查阅。如果这些文档包含私人信息或敏感信息，那么请在发送电子邮件之前查阅你所在幼儿园的电子通信规定。

选择要讨论的内容

关注成长

无论采用哪种会面方式，都要把注意力集中在幼儿的发展里程碑以及其他方面的成长上。在学年初的会议上，应向家长展示幼儿的年初评估信息，并与他们讨论本学年合理的学习目标。在年中或年末的会议上，教师应将重点放在幼儿的成长方面，利用观察和评估所得的信息向家长展示幼儿自年初以来已经掌握或开始展露出的技能。还要与家长谈谈幼儿在班级中将时间用在何处，以及他们对哪个活动区域最感兴趣。同时，鼓励家长积极提问，分享自己担忧的问题。

细致探讨发展方面的问题

如果从评估或观察数据得到的信息中发现，某名幼儿的发展比预期的要慢，在向家长传达这一信息时就要务必小心谨慎。学年初的会议通常不是进行这种讨论的最佳时机，因为此时你只收集了基本参考数据，对幼儿及其家庭的情况尚不熟悉。如果你在与家长建立关系的早期表达对幼儿发展的担忧，家长就可能做出防御性的反应："你怎么会认为我的孩子有问题？你根本不了解我们！"为了避免发生这种紧张局面，一定要投入足够的时间观察幼儿的学习过程，然后再决定是否要和家长谈话并为幼儿提供进一步的帮助。在与家长取得联系之前，请咨询相关的管理者，如果你所在的幼儿园有向家长介绍这类信息的专门程序，请遵循该程序。如果在幼儿园的职工队伍中，有早期干预学专家或言语病理学家等专业人员，那么你可以向这些同事请教有益的信息。

美国心理学家、研究员金杰·韦尔奇（Ginger Welch）的书《我能帮忙吗？关于儿童早期行为健康的教师指南》（*How Can I Help? A Teacher's Guide to Early Childhood Behavioral Health*）为识别幼儿可能出现的心理、行为和发展健康问题的症状提供了极好的资源。书中还提出了在班级和转诊过程中为这些幼儿及其家庭提供支持的观点。

如果有家长在学年初的会议上提出有关幼儿发展迟缓的话题，那他们就清楚地指出了一个你需要采取行动的问题。再次重申，家长是最了解自己孩子的"专家"，所以他们如果表达了对孩子发展的担忧，就意味着他们需要你的支持或者需要其他专业人士帮助孩子。鼓励家长通过与儿科医生沟通以获得指导来开启评估过程。在这个过程中，医生可能会询问你对孩子的观察。在此之前，请获得家长的书面许可,这种信息交流是你为幼儿提供支持的一种有益方式。

解释评估工具和方法

如果你所在的幼儿园使用特定的评估工具,如教学策略 GOLD,那么在每次会议上请用一定的时间来确保家长了解该工具以及相关的应用程序或支持程序,也要对教师记录幼儿学习情况的方式加以说明。教师通常通过一系列发展性技能(如创造性课程中的指标)来评估幼儿在一学年中的表现。例如,教师记录幼儿何时开始尝试使用某种技能以及何时掌握该技能。教师可以与幼儿的家长共享此类文档。如果家长充分了解教师如何追踪孩子的发展里程碑,并据此及孩子的兴趣计划新的学习活动,他们通常就不会再为孩子没有带着艺术作品或纸质作业回家而忧心了。

例如,家长经常会表达类似这样的担忧:"我的孩子所做的难道就是来幼儿园玩装扮游戏或绘画,这怎么能帮助他为上小学做好准备呢?"这时,教师可以通过创建文档资料,解析孩子在戏剧游戏区、艺术区或积木区学习到的入学准备技能,为与家长展开对话做准备。家长通常会对这些方面尤为关注,在需要的情况下,你可以为活动室里的每个活动区域都准备一份文档。一旦家长了解到他们的孩子在游戏的同时也在为入学做准备,他们的感受就会好很多,同时接受孩子不会像他们预期的那样带很多纸质作业或成果回家。

使用照片记录

照片记录是向家长展示幼儿在生成课程中取得的成就的极佳方式之一。家长们不仅喜欢看自己孩子的照片,而且在没有学习材料或手工艺品的情况下,还能借助照片更为确切地了解孩子在园时做了些什么。

你可以采取多种不同的方式使用照片记录，举例如下*。

- 在全校或活动室里展示照片板，展示各学科领域的活动（如科学实验或数学操作）和现场学习（如大组活动、舞蹈和用餐时间）的照片。你可以使用取自一个或多个班级的照片。
- 每天或每周在私人的、只有受邀才能参加的社交媒体页面上发布班级活动的最新情况。许多家长喜欢在工作时或在家里观看班级活动。
- 教师可以通过手机或平板电脑的应用程序将照片发送给家长。
- 为幼儿园设计的软件程序，使得教师能够直接向家长发送个性化的信息，包括每日更新和每周更新。

当教师使用照片进行记录时，幼儿可以专注于自己的学习和探索，而不是完成一系列"坐着一动不动"的评估项目。事实上，照片可以有效记录发展过程，为评估提供依据，也为家长期待的实时更新提供内容支持。你甚至可以将每名幼儿的照片汇编成册，在年末时送给家长。

幼儿园必须为照片记录制定相关的规定和程序。如果允许教师使用私人的手机或平板电脑拍照，那么如何确保他们将这些文件传送至幼儿园的记录中，并删除私人设备上的原件来保护幼儿的隐私呢？为了避免教师因个人设备的其他用途而分心，幼儿园可以尝试让教师只使用幼儿园提供的照相机进行拍照。在这种情况下，幼儿园将需要为每个班级配备一台照相机。一旦幼儿园解决了这些细碎的技术问题，照片记录就会成为教师和家长的巨大财富。

---

* 注意：在将照片张贴在公告栏、发布到网上或任何其他地方之前，一定要获得照片中所有人的书面许可。如果照片中包括幼儿，你就必须取得其家人的书面许可。——作者注

第7章
运用生成课程做好入学准备

教育工作者和家长都开始使用"入学准备"这个越来越流行的术语描述儿童在学前班获得成功所需要的能力。教师问责制逐渐增强，小学教育标准持续提高。如今，五六岁的幼儿在班级中的大部分时间里都被要求端坐在课桌前，长时间地听教师讲课。从开学的第一天起，他们就在课桌前学习读写和数学，而不是通过实践性学习来探索知识。

由于学前班的期望变得如此令人望而生畏，人们对幼儿园教育的看法也发生了巨大的变化。如果说幼儿需要掌握一定的学业技能才能顺利度过学前班，那么许多家长都会希望他们的孩子尽早开始学习这些技能。这往往意味着，社会性和运动技能等其他重要的发展目标被搁置一边，用更多的时间让幼儿初步学习读写和算术。

现在，学前教育机构面临着许多具有挑战性的选择。遵循幼教专家几十年来提倡的做法，还是迎合消费者的需求，确保幼儿从上学前班的第一天起就能坐在课桌前完成作业？因为很多幼儿园也只是小型企业，老板们可能觉得听从顾客的要求是必须的。然而，试图将学前班阶段的要求强加于幼儿园并不能保证取得理想的成果。事实上，给幼儿设定不合理的目标可能会导致问题行为的产生，并使他们萌生对学校的负面看法。

当被问及这个问题时，有的学前班教师经常解释说，他们接受的培训是教幼儿字母表，帮助他们进行阅读练习。如果幼儿在上学前班前还没有获得基本的社交技能（如听从指令、站成一排或与他人保持良好的关系）或者自助能力（如独立如厕或进食），教师就可能不得不推迟他们的学业学习，先帮助他们掌握这些能力。否则，在这种环境中，即使教师想方设法地教学业技能，也很难坚持下去。

综合这些信息来看，入学准备能力似乎不仅包括学业知识，还涵盖其他领域的发展。教师和家长必须了解幼儿成长的基本模式，以便准确地判断一个典型的五六岁儿童在刚上学前班时能做些什么。

入学准备的基础

尽管许多人将入学准备定义为"为开始小学的学习做好准备"，但更适宜的定义应当是"为学习和成功做好准备"。从这个角度来看，将一名幼儿描述为"准备好上学了"，表明他能够遵循多步骤的指令、与其他儿童玩得很好、表现出学习的好奇心并能够消化教师在整个学年中提供的信息。更具体地说，入学准备包括五类习惯、实践和技能，如下表所示。

健康与身体发展	• 获得充足的睡眠。 • 获得适当的营养。 • 接受必要的免疫接种和定期的医疗及牙科护理。 • 进行攀爬、跳跃、跑步和其他粗大动作活动。 • 用铅笔、蜡笔、剪刀和颜料等工具进行精细动作活动。
语言与沟通	• 与同龄人和成人交谈。 • 在对话中轮流发言。 • 使用五六个单词组成的句子。 • 知道自己的姓名。 • 能背出家庭地址、电话号码和生日。 • 会唱简单的歌曲。

（续表）

语言与沟通	• 倾听并回应读给自己听的故事。 • 读写自己的名字。 • 知道书是怎么写的（从前到后，从左到右）。 • 能够识别周围环境中熟悉的文字和符号（交通标牌、徽标等），并理解这些形状的含义。 • 运用涂鸦和绘画来表达想法。 • 背诵字母表中的字母（甚至在知道这些字母的读音之前）。
社会情绪发展	• 与其他幼儿一起游戏和分享。 • 容易与家庭成员分离。 • 能独自进行活动。 • 会玩戏剧游戏。 • 表达自己的需求和愿望。 • 遵守简单的惯例和规则。 • 探索和尝试新事物。 • 专注于一项活动直至完成。 • 无法独立解决问题时，会寻求帮助。
独立性与自我调节	• 在没有他人帮助的情况下独立如厕。 • 用餐具进食。 • 在没有他人帮助的情况下能扣紧和解开衣服（拉链、按扣、尼龙搭扣）。 • 协助收拾玩具和衣服。 • 保管个人物品。 • 打喷嚏或咳嗽时掩住口鼻。 • 用肥皂和水洗手。 • 对学习新事物充满热情。 • 对周围的世界充满好奇。 • 心烦意乱或生气后能冷静下来。 • 理解班级规则以及为什么每个人都应该遵守规则。 • 能表达对自己的家人而言很重要的价值观。
认知与前学业技能	• 识别相同和不同的物品。 • 对物品进行分类和排序。 • 认识基本的颜色。 • 了解、识别和复制基本的形状。

（续表）

认知与前学业技能	• 以 1 为单位计数（背诵计数）直至 30。 • "数出 10 个以内的物品"（Kentucky Governor's Office of Early Childhood[①]）。 • 将打印出来的数字与 10 个以内的物品进行匹配（例如，将数字 6 与 6 个真实的硬币相匹配）。 • 提出下列问题：谁、什么、何时、何地、如何和为什么。 • 理解简单的时间概念（夜晚、白天、今天、昨天、明天）。

资料来源：Center for Family Services[②]；Kentucky Governor's Office of Early Childhood.

根据这个列表，幼儿教师和家长可以为即将上小学的幼儿设定合理的目标。例如，幼儿应该能够写出自己的名字，因为这将是他们在学校期间最常遇到的字词。但是，幼儿还没有发育到能够正确地阅读和抄写一长串常用字的程度。如果一名幼儿的发展情况超前于其所处年龄阶段，教师就应该帮助他学习额外的技能。然而，教师不应期望幼儿在上学前班前就掌握学前班阶段应具备的一系列技能。如果幼儿能够提前掌握这些技能，那么他们为什么需要上学前班而不是直接上一年级呢？

请牢记，每名幼儿的学习与发展都是独一无二的。一些幼儿在上学前班之前并没有掌握太多的入学准备技能，造成这种延迟的原因有很多，包括以下几点。

- 幼儿也许还没有展现出对某些技能的兴趣。他们一旦进入组织有序的学前班，就可能会获得这些技能。许多学前班幼儿一旦发展得更加成熟或者看到其他幼儿参与读写和算术活动，就会对这类活动产生兴趣。
- 幼儿的学习速度不尽相同，所以落后于同龄人的幼儿可能只是依

---

① 即美国肯塔基州早期教育州长办公室。——译者注
② 即美国家庭服务中心。——译者注

循着自己的节奏学习。每项发展性技能都有一个窗口期，大多数幼儿会在这段时间内掌握该项技能。例如，在《发展里程碑：四五岁幼儿》（Developmental Milestones: 4-to-5-Year-Olds）一文中，美国儿科学会指出，四五岁的幼儿会学习如何独立穿脱衣物。有些幼儿在窗口期一开始就掌握了该项技能，而有些幼儿可能需要更多时间。如果在典型的窗口期结束后，幼儿仍然没有掌握该项技能，那么教师就需要提供额外的支持。

- 幼儿可能会出现发展迟缓的问题。学前班教师应该在班级环境中观察幼儿的情况，然后再决定是否让其接受发展评估。环境因素也可能会妨碍幼儿展示自己实际上可以使用的技能。例如，一名幼儿从来不到写字台来，因为活动室里的那个地方很吵，而他不喜欢这种程度的听觉刺激。教师如果发现了这种环境因素，就可以改变环境，帮助幼儿掌握技能。然而，如果你的观察表明，这名幼儿确实努力展现这项技能，但十分吃力，那么就是时候与他的家长谈谈了，看看孩子是否在家里使用过这项技能或者是否应该进行进一步的评估。

让我们更加深入地探讨各类入学准备技能。

健康与身体发展

保持健康

在阅读了上一节的列表后，你可能会问："为什么在有关入学准备的列表中包含保持健康方面的技能？"因为这有助于防止幼儿生病，让他们能够坚持上学。上学的基本准则是，即使幼儿还很小，但只要耽误了上学，就会耽误学习当天的内容。幼儿每天错过的内容越多，就会被同龄人甩得越远。健康饮食、定期看医生、充分休息和免疫接种都有助于预防幼儿生病,让他们每天都能够健康、快乐地上学。健康的发展也能够促进其他领域的发展,这样幼儿就可以发展自己的整套技能。

家长在帮助幼儿形成健康技能和习惯方面起着至关重要的作用,这将有助于幼儿在学校取得成功。例如,为了每天集中精力学习,幼儿必须得到足够的休息。这意味着,家长需要为幼儿设定一个适当的就寝时间,确保他所处的环境有助于高质量的睡眠(比如,不要在卧室放置电视和电子游戏设备),并确定睡前常规,帮助幼儿每天晚上轻松入睡。同样,由于幼儿还不知道如何选择健康的食物、如何抵御疾病,以及何时看医生,因此家长必须为孩子提供成长所需的营养,并带孩子定期看医生。儿科医生通常会与家长分享这类信息,幼儿教师会进行提醒和提示。幼儿园中的这些保健措施的总体目标是为孩子们在小学阶段持续健康发展奠定基础,确保他们的健康状况不会限制其学习能力。

运动技能

要想拿起铅笔并熟练地书写字母和数字,幼儿必须具备良好的精细动作技能。然而,幼儿的肌肉是从身体的核心向四肢发展的,所以在学习写字之前,他们必须首先具备强大的粗大动作技能。也就是说,幼儿需要学会跑步、双脚跳跃、攀爬和蹦跳,这不仅仅是为了保持健康,也是为了写出自己的名字。许多家长通过观察孩子是否把写满了字的练习册带回家来判断孩子在书写方面的进步。然而,幼儿教师通常更多地通过鼓励幼儿参加一些可以增强大小肌肉的活动来帮助他们做好书写准备,比如,让幼儿攀爬操场设施、摆弄黏土和在画架上画大型壁画等。

语言与沟通

语言技能对幼儿的社交能力有着巨大的影响,既影响幼儿参与对话的能力,又影响其从周围环境提取新信息的能力。衡量幼儿园班级质量的一个关键指标是,班级环境在多大程度上促进幼儿语言能力的发展。活动室空间中的一些标牌,如书架上的材料标签或墙上的字母海报,都表明教师为了培养幼儿的语言技能而付出的努力。然而,只有切实通过观察教师和幼儿在园期间的互动,才能真正地评估幼儿园对语言发展的重视程度。

为了做好上小学的准备,幼儿首先需要能够运用和理解语言,以便进行交流。家长通常比其他人更快地理解幼儿的语言,但幼儿去幼儿园后必须清楚地与那些不了解自己的人交流。例如,在需要如厕、不高兴或感觉不适时,幼儿需要学会将这些信息传达给教师。幼儿园还要为幼儿提供机会与各种各样的非家庭成员互动。幼儿必须学会运用语言技能与不同类型的人相处,向他们传递信息,并在交谈中理解对方的意思。

幼儿与他人进行多次对话后,其词汇量会大量增加。正如本书前文所述,这种技能有助于幼儿在谈话中与他人交流更多细节并开始为阅读做准备。更大的词汇量还可以帮助幼儿学习更为高深的概念并回答问题。例如,当教师给幼儿读一本书并提出有关文本的问题时,幼儿如果有大量的词汇可供利用,就更有可能理解故事并将自己的想法付诸文字。掌握这些语言技能并非易事,但它们是幼儿初步发展阅读技能的基础,也是学前教育的关键组成部分。

社会情绪发展、独立性与自我调节

我们经常把社会技能和情绪技能这两个术语互换使用，但它们是两种不同的能力，而独立性和自我调节在这两种能力中都扮演着重要角色。

- 社会技能使幼儿能够遵守幼儿园和活动室的社会规则：在走廊里行走时排成一队，在适当的时候保持安静，在餐厅时始终把食物放在餐桌上，等等。社会技能也包括在班级环境中与其他幼儿相处的能力。这意味着，分享班级材料或在其他幼儿在场时独立游戏。
  - 每种社会环境（幼儿园、工作等）都有社会规则，幼儿应当从小开始学习这些规则。例如，在操场上奔跑是合适的，但在狭小的活动室中奔跑是不合适的。
- 情绪技能使幼儿能够识别、管理和表达自己的情绪。

自我调节

随着年龄的增长，幼儿需要学习辨识自己感受到的一种或多种情绪并处理这些情绪，这样就能在没有成人帮助的情况下了解在特定的情境中如何行动。这种能力被称为"自我调节"。任何一个目睹过幼儿发脾气的人都可以证明，自我调节能力的培养需要时间和练习，尤其是在幼儿的情绪十分强烈时。

为了帮助幼儿形成自我调节能力，教师经常让幼儿"用你自己的话"表达情绪。美国儿童发展专家安杰拉·瑟西（Angela Searcy）在她的书《战胜它！应对幼儿挑战性行为的积极方法》（*PUSH PAST It! A Positive Approach to Challenging Classroom Behaviors*）中指出，为了让孩子们能够按照要求行事，成人必须教给他们描述情绪所需的词汇。一旦幼儿能够识别自己当前的情绪，教师就可以建议幼儿在班级环境中如何最好地应对这种情绪。随着幼儿日渐长大，教师应该教给他们更多表达和管理情绪的方法。例如，一个蹒跚学步的孩子感到悲伤，他可能通过哭泣来处理这种情绪。但随着年龄的增长和其他技能的发展，他会从周围人那里了解到，哭泣不是自己感到悲伤时唯一能做的事情，他还可以花些时间独处或向教师寻求帮助，等等。

一个准备好上学前班的孩子已经有足够的自我调节能力，能够在日常活动中识别和控制自己的情绪。他能处理低程度的挫败感，而不会大声地爆发，并且能独自平静下来。他能应对日常的细小变化和挫折，而且他的反应也与外界的刺激性成正比。例如，另一个孩子不小心撞到了他，他不会以尖叫或扔东西来回应。

培养幼儿的自我调节能力，可以让幼儿把注意力集中在手头的任务上，而不会对外部的小事情过于情绪化。这也许意味着，如果一次郊游被取消了，那么幼儿可能为此感到难过，但这件事并不会完全扰乱他在这一天或这一周其余时间的行为。但如果一名幼儿遭受了创伤事件，如家庭成员去世或离异，他就可能需要他人帮助自己应对情绪，就像成人需要类似的帮助那样。

自我调节能力在班级的社会规则中扮演着重要角色。要想成为班级中的一员，幼儿就必须能够以集体中其他成员能够理解的方式传达自己的愿望和需要，还必须明白班级有一定的行为要求，如"轻声慢步"或"举止轻柔"，并控制自己的行为来遵守这些规则。在集体活动中，幼儿将学会调整自己的行为，遵守那些隐含的社会规则。例如，如果幼儿在谈话中离同伴太近，同伴就可能让他后退一些，甚至可能会推开他。有了这些经验，幼儿就会知道，要留给别人多少个人空间。

遵从指令

因为学前班教师经常发出指令,并希望幼儿独立完成这些指令,所以幼儿在上学前班之前需要学会听从指令。这个过程需要幼儿掌握几种技能。首先,幼儿必须学会倾听他人并理解他人的要求。幼儿不仅需要理解话语的含义,还需要理解肢体语言、面部表情和语气。其次,一旦理解了他人的要求,幼儿就必须记住关键信息,直到完成指令。幼儿的这种技能会随着年龄的增长而提高。两三岁时,幼儿可以按照"过来"或"把玩具收起来"等一步指令行事;开始上学前班时,幼儿应该能够遵从多步指令。

与他人相处

尽管幼儿园活动室中的幼儿人数可能不多,但学前班活动室里的学生可能多达25~30人。学前班的幼儿必须分享桌面空间、学习材料和教师的注意力,这种情况可能比他们以往任何时候都要多。如果一名幼儿无法很好地与其他幼儿互动,教师就必须将大量的课堂时间用于调解冲突,而非传授知识。

为了帮助幼儿学会相处,教师和家长应尽可能多地为孩子们提供集体游戏的机会。这就是幼儿园如此重要的原因之一。家长可以在家里教孩子认识字母和数字,但没有什么能够取代幼儿在集体中与其他幼儿相处时的互动学习。

在集体游戏中,幼儿会学到许多重要的社会情绪技能。他们将运用解决问题的方式来探索如何通过沟通解决分歧,而不是中伤玩伴;学会什么时候需要站到一边让自己冷静下来,并发现如何向其他幼儿说明自己的需求;还会渐渐开始明白,活动室里的材料是属于集体的,而不是属于个人的,当看到同伴在玩自己喜欢的玩具时会有一定的应对技巧。随着时间的推移,幼儿在适应新环境或与新朋友互动之时，将掌握所有这些技能。

认知与前学业技能

前学业技能是许多家长在听到"入学准备"这个词时想到的能力。在家长们选择幼儿园时，他们可能会询问教师和管理者，自己的孩子什么时候会学习这些技能，从而为进入学前班做好准备。大多数前学业技能可以分为两类：前读写技能（为幼儿阅读和书写做准备）和前算术技能（为幼儿学习数学做准备）。前读写技能的教学包括让幼儿接触书籍、看绘本并编故事、鼓励他们写一写独创的字母或单词以及辨识环境中的印刷品（日常环境中具有意义的图案，如商店卫生间门上的符号）。前算术技能的教学包括比较相同和不同的物品、对物品进行分类、按顺序放置物品、识别形状和颜色以及开始学习"多"和"少"的概念。在掌握前学业技能的同时，幼儿还必须具备求知的好奇心。

读写技能	算术技能
• 熟悉如何翻书、拿书等。 • 识别字母。 • 识别语音（知道每个字母的读音）。 • 书写。	• 辨识形状和颜色。 • 识别模式和数目。 • 识别数字。 • 背诵计数（按顺序计数）。 • 一一对应地计数（一次数一件物品）。

教师如何提供帮助

教师应该在活动室里为幼儿准备一些读写和算术方面的材料。例如：教师可以通过给材料贴标签或张贴班级规则等形式，让活动室充满文字；墙上的数轴或时钟可以显示数字；幼儿也需要每天接触书籍。教师应该为单个幼儿或幼儿集体读书，并且幼儿应有机会独自探索书籍。

教师可以利用简单的对话引入许多技能的学习。例如，教师可以在对话中引入数的概念，说："你在操场上看到了多少朵花？""让我们来数一数你搭的小塔用了多少块积木。""我看到了一个红色的停车标志，它有多少个边？"为了融入读写概念，教师可以说："那个标志上有个字母S。S的读音是怎样发出的？"当家长和教师将读写和算术方面的概念带入对话中时，幼儿就会开始学习这些概念，这远比让他们坐在桌边做着不知道能不能引起他们兴趣的结构化活动要容易得多。个人之间的对话和关注能够对幼儿产生强有力的影响。有时，这些因素可以激励幼儿额外多学一点，仅仅是因为他们有足够的安全感去探索，并且很高兴得到成人的关注或想要取悦成人。

教师还应当将书写探索纳入班级。幼儿应该每天都能接触白纸、蜡笔、铅笔、记号笔和其他书写工具，以激发他们对书写的兴趣。早在幼儿能够写出清晰的字母之前，他们就已经开始模仿他人在纸上写字了。一旦幼儿学会辨识字母并能够正确握笔，真正的书写能力就会随之而来。

好奇心与问题解决

好奇心是儿童的一种本能。新生儿会把头转向声源或有趣的面孔。一旦学会了爬行，他们就会开始在周围的环境中移动，触摸看到的事物。到了学步儿时期，孩子会摇晃玩具或用嘴触碰玩具以判断它们的质地和用途。运用视觉、嗅觉、味觉、触觉和听觉探索周围的环境，能够让幼儿接收更多的信息，产生新的问题，然后再寻找更多的信息来回答这些问题。快到3岁时，幼儿往往开始探究环境中的因果关系。如果沙盘上的桶装得太满，会怎样？当我用蜡笔涂色时，更大力地按压会发生什么？当我把颜料混合在一起时，会发生什么？

教师如何提供帮助

提供并利用好学习机会

教师和家长可以培养幼儿的好奇心。对教师来说，有效的方法之一是遵循幼儿的学习兴趣，这也是建构生成课程的基础。就像成人一样，幼儿更关注他们感兴趣的主题。如果教师肯花时间发现这些主题并结合这些主题制订课程计划，幼儿就会本能地想要学习更多的知识。

教师和家长都可以通过亲自参与幼儿的学习过程来激发幼儿的好奇心。大多数幼儿会模仿他们在生活中看到的重要成人所做的事情，所以当一名幼儿看到成人在学习更多的知识时，他也会倾向于探索自己感兴趣的事情。成人可以有意地让幼儿看到自己阅读、参与对话和解决问题。更棒的是，成人可以给幼儿讲一讲在活动室或家庭中产生的一个简单的问题并解释自己是如何解决这个问题的。

案例研究：放声思考式故障处理

5岁的麦肯娜从浴室出来，说："妈妈，马桶坏了。"她的妈妈莉萨和她一起研究并发现，她们在按动马桶的按钮时，马桶没有冲水。

看到有机会教麦肯娜如何解决问题，莉萨开始讲述自己的想法："嗯，这是个问题！我该如何解决这个问题呢？对了，我上网看看。那里有许多有关如何修理坏掉的东西的文章。"莉萨继续向麦肯娜描述她的思考过程，同时在网上搜索这个问题，尝试了一些解决方法，但都不成功，最后她打电话给水管工寻求帮助。

解答问题

任何一位幼儿教师都会告诉你，三四岁的孩子每天都有很多问题要问。尽管这种行为有时会有点烦人，但它也为培养幼儿的好奇心提供了一个重要的机会。当成人回答一名幼儿的问题时，幼儿会继续探求信息，因为他新获得的知识带来了更多的问题。但是，当成人不断地阻止幼儿提问时，幼儿就会习得一些或许是无心的情况下传递出的社会规则："不要和大人们说话"或"问问题是不好的"。

当幼儿问了一个成人无法回答的问题时，成人完全可以说"我不知道"。但是，成人不应就此罢休，而是应该和幼儿一起寻找答案，或者通过询问幼儿认为的答案来进一步鼓励幼儿头脑风暴。这样做可以帮助幼儿明白，如果从第一个来源处没有得到答案，那么接下来该怎么做。

进行开放式对话

开放式对话是激发幼儿的好奇心、帮助其解决问题的绝佳方式。这些对话很大程度上依赖开放式问题和开放式表达。开放式问题通常以"如何"或者"为什么"开始，如"那是如何运作的？"或者"你觉得为什么会这样？"，最终需要的也不是一两句话式的回答。开放式表达通常以"给我讲一讲当……"或"我想知道如果……会发生什么"这样的开场白发起。无论使用怎样的措辞，这些问题和表达中最重要的一点，就在于它们没有唯一正确的答案，所以幼儿可以想象出许多不同的结果。

想象力和创造力是构成问题解决能力的主要成分，所以教师和家长需要培养幼儿的此类技能。开放式对话允许幼儿交流个人信息，比如，他们认为重要的事或生活中正发生着的事，也允许幼儿展开想象。因为开放式问题不能用一个字词回应，所以幼儿有机会更加深入地进行探索。例如，当成人追问幼儿她的婴儿玩偶在想什么时，这名幼儿就可以自由地想象玩偶会关心什么并尝试在回答中进行描述。成人可以通过鼓励幼儿积极回应来培养这种想象力，比如，问一问婴儿玩偶还能想到什么。教师和家长让幼儿在不必担心对错的情况下回应，这无疑为幼儿的创造力的进一步发展奠定了基础。

提供开放性材料

另一种训练幼儿想象力和问题解决能力的方法是使用开放性材料。开放性材料并不限定幼儿以特定的方式进行操作。注意，拼图不是一种开放性材料，因为只有把每一块碎片都放到指定的位置才能将其完成。但幼儿可以把积木或乐高玩具摆成自己想到的任何图案，所以这两者都是开放性材料。

教师可以尽可能多地为幼儿提供开放性材料，以促进其学习进程。通常来说，这些材料出现在艺术区、积木区、戏剧游戏区和科学区以及社会研究材料中，举例如下。

- 纽扣
- 石头
- 贝壳
- 种子
- 橡子
- 树叶
- 木质手工棍子
- 卫生纸管
- 撕碎的纸片
- 亮片
- 螺母和螺栓
- 珠子
- 纱线
- 绳子
- 盖子
- 夹子
- 晾衣夹
- 空瓶子
- 纸板

与前学业技能有关的教育材料（在读写和算术活动中）往往要求幼儿做出具体的反应，如"这是什么字母？"或"1加1等于什么？"。相比之下，科学材料会给幼儿创造做实验的机会，并允许他们对可能的结果进行头脑风暴。戏剧游戏的服装和道具使得幼儿能够表演许多社会情境并想象每个角色会发生什么。这些类型的活动让幼儿能够实践问题解决的过程。例如：在科学区活动的幼儿可能需要决定如何调整实验以获得自己想要的结果；在戏剧游戏区，米娅装扮成鲨鱼，想"吃掉"装扮成章鱼的塔里克，孩子们就需要想出帮助这两个角色相处的办法。

布置活动室以激励探索

教师布置活动室的方式可以激发幼儿的好奇心和探索精神。如果教师经常告诉幼儿活动室中的某些部分是封闭的，或者不能使用某些材料，幼儿就会对探索活动感到犹豫。没有人喜欢被反复阻挠。可以将整间活动室都为幼儿敞开，激励他们探索，直到他们发现有趣的事情。

为了让这种布置发挥作用，教师需要投放材料，让幼儿能够独立自主地使用。如果幼儿需要获得成人的帮助（在每个成人对应多达10名幼儿的活动室中，每名幼儿可能需要等待很长时间才能获得帮助）才能拿到或摆好自己想要的物品，他们就无法充分地探索活动室。让幼儿有机会独立探索，这既可以体现教师对幼儿的信任，又有利于幼儿建立信心。自信的幼儿在需要帮助的时候会向成人求助，但总的来说，他们也愿意在没有帮助的情况下尝试新任务、学习新东西。当幼儿缺乏自信的时候，他们通常会紧紧靠在成人身边，并依靠成人发起新的活动。不幸的是，这种情况会限制幼儿的学习能力，因为成人必须把注意力分散到班上所有的幼儿身上，不能只关注一名幼儿。

怀有切合实际的期望

因为每名幼儿的学习速度不同，很多幼儿在上学前班时还没有掌握前读写技能和前算术技能，所以对许多幼儿来说，从幼儿园到学前班的过渡尤其具有挑战性，学前班教师通常会在学年中的头几个月帮助幼儿重温前学业技能（读写和算术）以及其他入学准备技能。一旦幼儿在时间和发展上足够成熟,他们通常就能很快地学会字母和数字,但总有一些幼儿在这些技能的掌握上比同龄人更吃力。学前班教师可以为有需要的幼儿提供额外的支持;然而,家长和幼儿教师都需要明白,在幼儿课程中越来越早地开展前读写技能和前算术技能的教育,并不是做好入学准备的途径。幼儿技能的掌握发生在他们发育成熟的时候,而非在一定数量的接触之后。

打个有点傻的比方,想象一下,阿里亚经常让她3岁的儿子普雷斯顿坐在车的前座上,教他如何开车。除了年龄太小不能合法驾驶外,普雷斯顿在学习这项技能时还面临着其他一些关键性的障碍,例如,他无法读懂街道上的标志,而且他太矮了,没办法同时够到踏板并看到仪表盘。如果阿里亚此时仍继续尝试教普雷斯顿开车,那么他们两人都会以受挫告终。只要普雷斯顿在身体上和认知上尚未成熟,阿里亚无论多么想让普雷斯顿"领先一步"或"为驾驶做好准备",都没办法使他学会这项技能。

同样,如果幼儿园教师在幼儿真正具备学习能力之前就试图强迫他们阅读、书写和计算,那么没有人能够从中受益。幼儿园不能提前教幼儿在学前班要学的技能,而应该侧重于发展他们在语言、探索、社会情绪方面的技能,这些基本的生活技能可以帮助幼儿发挥自身的能动性,从而学习学业技能。有了适当的基础,更多的幼儿就可以进入小学,准备迎接成功。

第8章
生成课程与幼儿社会情绪能力的发展

掌握班级生活所需的社会情绪技能是幼儿的关键学习经验之一。尽管幼儿通常不愿意坐下来谈论情绪,但他们自然会被班级中的同龄人和成人吸引,与他们互动,这些互动为教师培养幼儿的社会情绪技能提供了理想的机会。教师可以示范这些能力,也可以在调节幼儿之间的互动时直接教授这些技能。

社会情绪技能将为儿童的整个学习生涯乃至更多方面提供支持。学习这些技能可能会占据学前阶段的大部分时间。在此期间,幼儿如果在家中接受照料,就能够轻松地习得自助技能和沟通技能,并在认知方面得到发展,但由于没有经常与其他幼儿相处,因此其社会技能难以获得进步。幼儿必须学会如何适应群体环境和遵守社会秩序与规则,这样他们才能在未来的学习生活中不断取得成就。

幼儿社会情绪发展的概述

虽然社会技能和情绪技能有所不同,但它们在幼儿的成长和发展中是相辅相成的。正如第7章所提到的,社会技能使幼儿能够与他人互动,学习并遵守所处环境中的社会规则。情绪技能使幼儿能够识别、管理和表达自己的情绪。

典型的发展里程碑

为了更好地理解幼儿是如何在班级的社会环境中成长的,教师需要了解幼儿典型的社会情绪发展里程碑。

3岁	4岁	5岁
• 能够分享玩具、学会轮流。 • 表现出对亲密朋友的依恋。 • 可以主动与朋友发起游戏或加入游戏群体。 • 能遵守游戏规则,但可能对获胜更感兴趣。 • 不像学步儿那样以自我为中心。 • 更愿意与他人合作,但在无法按照自己的意愿行事时仍会发脾气。 • 开始参与戏剧游戏;可以表演一个场景,假装成"妈妈"或"爸爸"。 • 能够口头表达各种情绪(如嫉妒、愤怒、恐惧、喜悦、兴奋)。 • 比学步儿更独立。	• 开始发展友谊。 • 开始理解他人的感受。 • 开始玩规则简单的游戏。 • 能够倾听他人说话。 • 开始理解"对"与"错"的区别。 • 分享和轮流的能力有所提高。 • 可以在小挫折中控制沮丧或生气的情绪。 • 在成人主导的活动中可以保持注意力长达5分钟,在游戏中可以保持得更久。 • 喜欢和同伴一起玩戏剧游戏。 • 更加关心什么是公平的和不公平的。	• 想要取悦朋友。 • 想要像朋友一样。 • 能分辨出什么是真实的,什么是假装的。 • 比小一点的幼儿更能认同和遵守规则。 • 可以理解某些性别特质。 • 乐意分享。

幼儿园需要对所有幼儿进行定期的筛查或评估。通过评估,教师可以了解幼儿所掌握的最高水平的技能以及初学的技能,进而帮助他们掌握那些仍具挑战性的技能。通过这种评估,教师可以准确地了解每名幼儿的需求,而不是猜测整个班级幼儿的需求。此外,这些筛查在检测幼儿发展迟缓方面发挥着关键作用。

社会情绪方面的发展迟缓

教师可能是第一个注意到幼儿在发展社会技能方面存在困难的人。在其他的发展领域，如运动技能和身体发展方面，教师和家长通常都可以注意到幼儿发展迟缓方面的问题。然而，社会技能的发展问题也许不会像出现在班级中那般出现在家中，因为幼儿在家里可能很少或根本不与其他幼儿互动，而在集体环境中的互动对他们来说可能尤其具有挑战性。

教师向家长提及自己对幼儿社会技能的担忧时，常见的回答是："我以前从来没有注意到这种情况。"这听起来像是否认，但事实并非如此。因为家庭环境的作用方式与幼儿园完全不同，包括不同的人、不同的规则、不用的活动甚至不同的价值观，问题行为可能根本就没有在家里出现。在这种情况下，教师应引导家长反思自己的孩子与其他幼儿互动的场合，如生日聚会、图书馆等。这时，家长可能会意识到，以前确实见过这种令人担忧的行为，只是没有在家里发生。

下列行为的发生，应该引起成人对幼儿社会情绪发展的关注。

- 幼儿不会加入其他幼儿正在进行的游戏，而这个年龄段的幼儿通常会参与其中。
- 幼儿不会主动和另一名幼儿游戏，而这个年龄段的幼儿本应该会这样做。
- 幼儿做什么事都要依赖成人，而不是自己做决定。
- 幼儿严格遵守常规，不能适应变化。
- 在与信任的成人分离时，幼儿除了会表现出典型的分离焦虑外，还会表现出极度的恐惧。
- 在本应注意到他人感受的年龄段，幼儿却完全意识不到别人的感受。例如，4岁的由纪夫未经同意从同伴斯特拉的手中夺走一个娃娃，斯特拉开始哭泣，但是由纪夫似乎没有注意到。
- 在本应与他人建立友谊的年龄段，幼儿却无法与他人建立友谊。例如，4岁的巴拉姆独自玩戏剧游戏。但这个年龄段的幼儿即使各自表演不同的故事情节，他们通常也会以小组的形式进行戏剧游戏。

如果幼儿表现出这些社交迟缓行为，家长就可能需要寻求儿科医生或语言病理学家的帮助。由于你没有接受过诊断幼儿所需的专业培训，所以需要谨慎对待这些情况。在《我能帮忙吗？关于儿童早期行为健康的教师指南》一书中，金杰·韦尔奇建议教师，应首先与管理者讨论这个问题，然后谨慎地与家长讨论。她的进一步解释如下。

如果你以官方的身份向家长建议孩子需要额外的服务（例如，说"您的孩子已被诊断，您需要带孩子去看医生"），你就要让自己所在的幼儿园为这些服务付费。因此，你应使用明确的语言表示你并没有要求家长采取特定的行动。例如，你可以说："我发现一些令人担忧的行为，建议您找专业人士了解更多的信息。"

你可能希望手头留有一份关于当地医疗服务者的最新名单，以备家长所需。

促进社会情绪发展的方法

美国社会学家米尔德丽德·帕滕（Mildred Parten）提出，儿童在成长过程中会经历6个游戏阶段（如第2章所述，这是他们的学习方式）。

1. 无目的游戏：儿童在无计划的探索中游戏和学习。

2. 单独游戏：儿童自主挑选玩具和材料，一个人进行游戏活动。但在游戏时，他们可能离其他人很近。
3. 旁观游戏：儿童在一旁观看他人游戏，但不会与他们发生互动。
4. 平行游戏：儿童在同一区域玩同类型的材料，但他们各玩各的，互相之间没有交流和互动。例如，杰夫和海迪在积木区玩积木，但海迪在搭一个堡垒，而杰夫在建一条路。
5. 联合游戏：儿童在同一区域玩同类型的材料，他们有互动但是不合作。例如，罗茜和阿兰娜在戏剧游戏区共享厨房玩具。当罗茜假装为她妈妈做生日蛋糕时，阿兰娜假装和她的祖母烤饼干。
6. 合作游戏：儿童在同一个游戏区域使用同样的材料，为实现同一个目标而游戏。例如，在积木区的所有男孩试图建造世界上最高的塔。

当儿童经历这些游戏阶段时，他们也在与他人的协商中建立更牢固的关系，并为达到共同目标而解决问题。进入幼儿园时，他们已经从只想自己玩的阶段发展到对活动室里其他人的行为感兴趣的阶段。换言之，他们可能处于旁观游戏阶段或平行游戏阶段。3岁的幼儿在幼儿园的第一年，通常是学习如何开始在群体环境中发挥作用。在幼儿园的第二年，4岁的幼儿开始提高他们的社会技能，甚至开始喜欢在群体中游戏。

当幼儿进入学前班后，集体游戏变得普遍，教师可以采用一些重要的策略来促进幼儿的社会情绪技能发展。

示范

幼儿需要看到群体中的合作游戏应该是什么样的。教师可以通过坐在活动室的游戏区域参与活动来进行示范。例如：在戏剧游戏区与孩子们一起打扮和交谈；让他们帮忙在积木区建一座塔，并就将下一块积木放在哪里可以使塔更高这一问题提供建议；在音乐区和孩子们一起跳舞和摇动彩带。

示范还可以帮助幼儿学习在游戏中与同伴对话。例如，如果夸恩德拉能独立拉上衣服的拉链，那么教师就可以向她展示如何帮助其他幼儿拉上拉链，也可以向其他幼儿展示如何向夸恩德拉寻求帮助。教师还可以向幼儿展示如何与多人一起完成一项活动，例如，在感官桌上为每名幼儿提供一个放大镜，让他们在沙子里找到特别的东西。当他们发现一些东西时，教师可以鼓励所有幼儿倾听同伴的发言并进行提问。

除非看到其他人在使用这些技能，否则幼儿不会学习这些技能。教师需要和另一位教师一起示范合作和对话技巧。许多教师认为，他们根本不应该在一日活动中交谈，这样才能将全部注意力集中在幼儿身上。当幼儿在场时，尽管教师不应该有私人谈话，但他们也的确需要为幼儿示范一些技能。例如，在家庭式用餐时，教师需要示范如何进行自我服务并在餐桌上礼貌地传递食物。教师还需要示范如何在用餐时对话，因为许多幼儿可能没有参加过家庭聚餐。

尊重幼儿的节奏

大多数技能的掌握，包括社会情绪技能，都可以从完全不懂过渡到精通。像其他技能一样，幼儿以自己的节奏发展社会情绪技能。然而，等待这种能力发展的过程是艰难的，因为在这个过程中幼儿通常会出现挑战性行为。例如：幼儿在学习自我调节时仍然会发脾气；在学习与人分享和互动时可能还是会打架；在尚未学会遵从简单的指令时，可能会在活动室或操场上对自己或他人造成伤害。这类问题会给教师带来相当大的压力，特别是因为家长在家里往往看不到同样的行为，所以当被告知幼儿的此类行为时，他们便会对此持怀疑态度。同时，除非教师进行干预，否则这些行为会让幼儿在学前班的表现更加糟糕。

为了帮助具有挑战性行为的幼儿做好顺利入学的准备，教师首先需要确定幼儿在社会情绪技能方面存在的困难（可能不止一项），以及幼儿社会情绪技能所处的发展阶段，然后确定如何帮助幼儿。例如：一名幼儿难以与他人一起游戏，教师可以帮助他学会识别和表达自己的情绪，以便在群体中与他人进行良好互动；一名幼儿每天早上都不愿与家长分开，教师可能需要与幼儿建立一种牢固的关系，这样幼儿在家长不在场的情况下也会感到安全。一旦幼儿有了安全感，他们就会迅速学习其他社会情绪技能。

布置活动室

教师合理布置活动室的环境，可以促进幼儿社会情绪的发展。活动室应该设置鼓励群体游戏的区域，也应该设置让幼儿独处的区域。在社会性较强的区域，如戏剧游戏区和积木区，需要提供足够的空间，以便可以容纳多名幼儿一起游戏而不会拥挤，避免互相推搡和争吵。当幼儿受到刺激或感到不知所措时，活动室里至少应该有一个区域可以让他们独处。拥有一个远离他人让自己冷静下来的安全空间，有助于避免幼儿发生打人、扔玩具、发脾气等挑战性行为。

在班级中教授关键的社会情绪技能

幼儿在班级中学到的社会情绪技能远远多于学业技能。虽然这会使一些关心入学准备的家长感到担忧，但这些技能为幼儿今后的生活奠定了重要的基础。例如，雇主在潜在的员工身上寻找的软技能通常是儿童在 5 岁前学习的内容。幼儿必须学会如何在集体中合作；需要读懂他人的情绪并做出适当的回应；需要学习在公共区域中与他人分享空间和材料，以及遵守商定的规则。所有这些技能在学校和工作中都是必不可少的。同样，人在一生中需要运用这些技能与朋友、教师、同事、恋人和其他人建立稳固的关系。每个人都需要学习社会情绪技能，即使相应的教学活动并没有产生有形的成果，教师也必须花费大量的班级时间来教授这些技能。

保持对话

在这个主要通过屏幕互动的世界里，幼儿教育工作者必须教给幼儿基本的对话技能。例如，幼儿天生不知道如何与人打招呼，成人就必须教会他们。每天早上，在家长进入活动室以及全班幼儿围坐在一起时，教师可以向幼儿示范问候方式，教幼儿用口头语言主动打招呼，如"你好"；展示如何通过语气和肢体语言表示自己见到某人很兴奋并开启对话。由于现在许多幼儿经常盯着屏幕，因此要强调问候和交谈时眼神接触的重要性，这在每名幼儿所处的文化中都是适宜的；并解释在多数文化中，直视某人的眼睛意味着尊重，因为这表明你在全神贯注地听对方说话。

相互问候之后，接下来做什么？教师需要向幼儿展示如何开始并维持双向对话。当一名幼儿提出一个问题时，教师需要帮助他了解这个问题如何发展成一段对话。这意味着，不仅自己要说话，还需要注意倾听别人说话，并且不打断他人的发言。在一日活动的任何时间都可以进行双向对话的练习，但家庭式用餐时间提供了一个展示双向对话的极佳机会。例如，自由游戏是加入幼儿活动的好时机，教师可以和幼儿个体或小组一起练习对话。无论什么时候，关键是要教幼儿在别人说话时表现出兴趣，并对别人说的话有所回应，而不是只讲自己的故事。有人说话时，应该鼓励其他人把注意力放在说话者身上，进行充分的眼神交流和表现出积极的肢体语言，比如将身体转向说话者、偶尔点点头等。

有些幼儿由于在家中已经进行很多对话，因此可能掌握了高级的对话技能，但其他幼儿仍需要更多的示范。教师除了自己示范，也可以让需要更多地练习对话技能的幼儿与其他可以起到示范作用的幼儿结对学习。观察同伴的行为和向同伴学习，可以为幼儿提供有效的经验。

倾听

幼儿在学前教育阶段需要学习几种不同类型的倾听技能，因此教师要花大量的时间帮助幼儿达到这一发展目标。幼儿需要学会听从口头指令，以便能够独立完成任务。包括采用生成课程在内的所有幼儿园，刚开始都是教幼儿学会听从一步指令，然后学会遵从两步指令。当幼儿学会听从指令时，教师应避免争夺控制权。这可以帮助教师在一日活动和过渡环节中融入更多的要求，例如，在活动室里播放特定的音乐时清理玩具。这种策略可以教会幼儿听从指令，而不会引发师幼之间的权力较量。

对话需要另一种倾听技能，这种技能与同理心有关。当幼儿变得不那么以自我为中心时，他们开始意识到，正如他们希望得到别人的倾听一样，他人也有同样的期望。在对话中倾听时，参与者不仅要处理说话者的话语，还要处理他们的语气和面部表情，以便掌握交流的全部意义。对幼儿来说，同时完成这些事情是很困难的，所以他们需要成人帮助自己学习。在师幼互动中，教师需要示范，在讲话之前听完对方的完整陈述。如果一名幼儿打断了别人的话，教师就要提醒他听完，或者问他是否听到了说话者在被打断之前所说的话。

此外，教师需要向幼儿解释，有些对话需要格外注意倾听。当成人，尤其是家长或教师要求幼儿倾听时，其含义与同龄人提出同样的要求是不一样的。在主流文化中，幼儿需要把成人当作权威来尊重，并按照他们的要求去做。与此相反，当同伴要求幼儿倾听时，虽然幼儿无须恪守同样的义务，但这样做是有礼貌的表现。

当幼儿开始读懂别人的情绪时，他们可能已经具备了成为良好的倾听者所必不可少的技能，只需要成人示范倾听的行为或解释倾听的过程。例如，幼儿可能已经知道，当别人说话时，他们需要保持安静，但他们或许不知道他们需要倾听别人说的话来决定下一步该做什么或该说什么。当幼儿在戏剧游戏区表演一个故事时，教师应试着教授和示范这些技能；也可以让一个小组表演一段社会情节，然后询问幼儿如何处理这种情况。

案例研究：把争吵变成课程

在戏剧游戏区的游戏中，玛丽和卢兹开始为装扮的衣服争吵。教师奥德萨意识到，这是一个教他们社会技能的好机会。她把两个女孩带到一边，引导他们进行对话，说："我能看出来，玛丽很想告诉我们一些事情，让我们来听听她想说什么。"

玛丽说完，教师转向她说："我可以看得出，卢兹在听你说话，我想知道她对你说的话有什么想法。"然后，教师请卢兹分享她的想法。

表现同理心和歉意

同理心教育具有一定的挑战性。儿童天生以自我为中心，他们以自己的需求为首位，但同理心要求他们从别人的角度来看问题。幸运的是，对教师来说，幼儿可以从他人的面部表情中识别情绪，这种能力为开展关于同理心的对话提供了起点。

例如，任何幼儿教师都可以证明，幼儿经常会发生争吵。在调解分歧时，教师可以通过提问来开启一门关于同理心的课程，如："看着朋友的脸，你认为他此刻感受如何？""你现在感受如何？""你觉得，你的朋友也有同样的感受吗？"如果幼儿在这项练习中存在困难，那么可以试着找一本包含面部表情图片以及与这些表情相关的情绪描述的儿童书籍。这些书也可以成为集体阅读或单独阅读中帮助幼儿识别情绪的有益工具。

在这种类型的练习中，有些幼儿得出结论，他们的行为会使同伴或成人感到沮丧。在这种情况下，幼儿应该道歉。教师可以给幼儿这一选择，但是不要强迫他们道歉。一个真诚的道歉必须是带有同理心的。幼儿应该意识到，自己的行为已经伤害了别人，并为自己的行为感到懊悔。道歉是一种表示懊悔的方式。如果一名幼儿并没有感到歉意，他就还没有准备好道歉，如果强迫他这样做，反而会树立一个不真诚的榜样。教师虽然可能迫切希望孩子们能够冰释前嫌，但必须先让孩子们厘清自己的情绪，尤其是因为道歉可能会激起新的情绪。

年龄较小的幼儿可能还没有发展到具备同理心的程度，所以成人不应该期望他们这样做，但这个年龄段的幼儿仍然可以通过教师的示范和解释自己的思考来学习。你可以说："看着恩佐的脸，我能看出他很难过，因为他在皱眉。当我难过的时候，有人抱抱我，我会感觉好很多。恩佐，你想要一个拥抱吗？"只是听教师解释这个过程，就可以帮助年龄较小的幼儿形成理解同理心的基础。

培养自信

当幼儿开始表现出独立性时，他们的自信心也开始发展。自信是当幼儿意识到自己在某些活动中的能力时产生的一种感觉。当然，没有一名幼儿甚至没有一个成人可以胜任任何事情，这是没关系的!但有些成人会称赞幼儿做的每一件事,好像他们确实有超人的能力。需要注意的是,教师和家长必须诚实地对待幼儿,以帮助他们形成有益的自我效能感。

当幼儿开始感到独立时,教师和家长应尽可能地让他自己做决定。但当涉及健康和安全问题时,例如,幼儿是否可以爬到单杠的顶端而不是在上面荡来荡去时,成人仍然是决策者。但是,幼儿如果能选择吃什么或下一步玩什么,就可以在环境中感受到自主权。

在做决定的同时,幼儿可以且应该承担一定的风险。例如,让5岁的孩子自己倒牛奶,把塔搭得越高越好,或者品尝一种新事物。如果打翻了牛奶,他就要将其清理干净;如果弄倒了塔,他下次就可能搭得更好;如果发现调味汁太辣,他就可以选择不再吃它。承担这些风险不会对幼儿造成伤害,反而会帮助他在头脑中为自己能做什么和不能做什么设定界限。反过来,如果他把牛奶倒出来而没有洒,他就可以为这一简单的胜利感到自豪。在他看来,这是值得庆祝的事情,因为尽管在这个过程中可能会犯错误,但他独立完成了一件事情。

教师和家长可以通过其他方式帮助幼儿建立自信。首先,不要对幼儿的每一个行为都给予泛泛的表扬。过度使用诸如"太厉害了""真棒"之类的词汇会让赞美失去价值。如果幼儿能够成功地完成一项任务,教师就要称赞他在某些方面做得很好,比如,对他说:"我看得出来,你在很努力地铺床,而且把所有的东西都放在了正确的地方。"如果幼儿失败了,那么可以承认这一点,但是不要惩罚他。你可以说:"没关系,你只是犯了一个错误,洒了些牛奶,你要做的就是把它清理干净。"诚实地告诉幼儿发生了什么,这样他们才会明白在这项任务中真正的成功是什么样的。

当幼儿开始承担更多的风险并尝试独立时,教师和家长需要创设使幼儿感到安全的幼儿园和家庭环境。在冒险时,幼儿需要知道,如果他们失败了，成人仍然会爱他们并接受他们。因此，无论幼儿在冒险时发生什么，成人都要向他们表达爱意。如果这个风险可能伤害到他或他人，比如骑三轮车的速度过快以至于失去控制差点撞车，就要向幼儿解释为什么不应该再继续这样做，但也要重申你仍然爱他们。除非幼儿从生活中极其重要的成人那里感受到无条件的爱和接纳，否则他们永远难以发展出真正的自信心。

解决问题

解决问题在社会交往中起着很大的作用。当两名幼儿带着不同的期望和需求开始一段交流却最终以争吵告终时，他们需要想出一个解决问题的办法。对于年龄较小的幼儿，成人通常会进行调解，为他们提供两种可接受的解决方式，让幼儿选择其中一种；对于年龄较大、语言能力较强的幼儿，可以采用头脑风暴的方式，成人只需站在一旁，以备幼儿在讨论的过程中需要他的帮助。幼儿情绪的激烈程度，也许有助于成人判断为其提供多少帮助。

与倾听和道歉一样，同理心是帮助幼儿决定如何解决问题的关键。例如，一位教师帮助鲁鲁认识到他的行为是如何伤害到拉雯的，鲁鲁可能会出于愧疚而真诚地想帮忙解决问题。反过来，如果鲁鲁没有表现出任何歉疚，那么他可能只会担心情况是否"公平"（在他看来）。在这种情况下，教师可以与幼儿一起讨论。教师可以说："鲁鲁，如果有人拿走你的玩具，你会有什么感觉？怎样可以让你感觉好一点？"尽管幼儿没有发展到能够自己表现出同理心，但成人仍然可以向他们解释如何从另一个人的角度看问题。

遵守社会规则

每个环境都需要社会规则来规范人们的行为，以保证环境安全有序。有时，权威人士会发布或明确说明这些规则；有时，规则是隐含的，需要人们自己去发现。例如，游泳场所通常会张贴标志，提醒人们在池边行走，不可奔跑，以免滑倒受伤或溺水。

同样，幼儿园也有社会规则来说明什么是适当的行为，什么是不适当的行为。教师必须帮助幼儿学会发现并遵守这些规则，因为幼儿一生中都要使用这些技能。

大多数幼儿园班级从学年开始就正式确立了某些规则，通常包括以下内容。

- ◆ 温柔用手（不打人）
- ◆ 轻声慢步（不乱跑）
- ◆ 在室内低声交流（不尖叫）
- ◆ 脚放在地板上（不攀爬家具）
- ◆ 用耳朵倾听
- ◆ 轮流

所有这些规则在成人看来都是合理的，但由于幼儿在进入幼儿园之前没有接触过这种结构化的规则，因此他们需要时间来发展自我调节能力以遵守这些规则。为了帮助幼儿掌握班级中的社会规则，教师可以采用以下策略。

- 表述规则时，要解释幼儿应该做什么，而非不应该做什么。当教师告诉幼儿"不要爬上那个书架"时，幼儿可能会立即停止这一行为，但他们不一定知道应该做什么。可以在桌子上爬吗？还是说，所有的攀爬行为都是不可以的？用积极的措辞表述规则，可以明确地告诉幼儿教师对他的期望。这样，教师可以不必经常使用"停下来""不""不可以"等消极词汇来提醒幼儿遵守规则。
- 请幼儿帮忙制定规则。当幼儿帮忙制定规则时，他们往往会更好地遵守规则，因为他们在这件事上有利害关系。通常情况下，幼儿对他们在活动室里应该做什么和不应该做什么有一定的了解，所以他们会为规则的制定提供很多好的主意。如果一名幼儿提出一个限制性较强的规则,那么教师可以与全班幼儿一起讨论,看看这个提议是否可以成为一条合理的规则。例如,一名幼儿提出这条规则:"不许把自己的背包挂在凯特琳的小房间里。"这个想法有些过于具体,不能成为班级规则的一部分,但教师可以从这一想法出发,引导幼儿把物品放到适当的位置。如果幼儿只提出消极的规则,如"不许跑"或"不许打人",那么教师可以询问幼儿应该做什么。

除了学习班级规则之外,幼儿也在了解班级内的社会结构。这意味着,他们在学习群体环境中的一般社会规则。他们必须了解谁管理班级,以及特定的个人是否具有社会地位。例如,一个成人来班里做志愿者,孩子们应该听他的,哪怕他不是教师。有时,教师无意中传达了某些规则是必须遵守的,而另一些规则只是建议,这会导致幼儿产生这样的想法:"午睡时间我真的必须躺着吗?不捣乱的话,可以在房间里四处走动吗?"他们还可能发现,哪些教师对他们更宽容、自己愿意找哪些教师寻求安慰,当有人违反规则时要向哪些教师告密。虽然这些行为常常使教师感到头疼,但它们确实表明,幼儿正在学习使用观察和推理技能来确定班级是如何运行的。这也意味着,教师可能需要每天对每名幼儿都采用同样的规则。

第9章
生成课程与幼儿书写能力的发展

家长通常认为,写自己的名字是幼儿在入学前便应具备的基本技能。他们甚至会问教师,孩子什么时候才能习得这一技能。这些家长可能并不了解,幼儿必须具备多种能力才能在纸上写自己的名字,如精细动作技能、视觉能力、感觉信息处理能力、注意力、执行功能、组织力、姿势和眼-手协调能力。这些能力都需要长期培养,通常早在学步儿时期就已经开始了。优秀的教师会在期待幼儿写自己的名字之前创设班级环境,让幼儿有大量的机会发展这一能力。

设定切实的目标

书写,即用手在纸上写字的行为。为了培养幼儿的这一能力,教师需要了解幼儿书写能力的发展阶段。下表展示了幼儿各阶段前书写能力的发展。

0—6个月	• 看着自己的手在移动,然后把手放到嘴边。 • 对感兴趣的物体挥动手臂。 • 眼睛追随房间内移动着的人。 • 开始握住小物件,例如用拳头握住拨浪鼓。 • 两只手开始可以握在一起。 • 开始可以将物品从一只手递到另一只手上。

（续表）

6—12个月	• 开始抓着物品不放。 • 开始用食指拨弄物品。 • 开始探索物品的材质。 • 摆弄双手。 • 开始用手抓食物吃。 • 可以把小物件放在杯子里。 • 一只手可以拿两个小物件。 • 可以用拳头握蜡笔。
12—18个月	• 开始表现出对右手或左手的偏好，但优势手还未形成。 • 可以拍手。 • 可以挥手告别。 • 可以将两块积木堆成塔状。 • 可以用蜡笔在纸上乱涂乱画。
18个月—2岁	• 开始可以用指尖和拇指握住物品，如蜡笔。 • 可以从钉板上取下钉子。 • 可以用三四块积木搭一座塔。 • 可以翻书。
2岁	• 可以移动和捏橡皮泥。 • 可以把大珠子串在绳子上。 • 可以转动门把手开门。 • 可以正确使用汤匙。 • 可以自己洗手。
3岁	• 可以用剪刀剪纸。 • 可以解开大纽扣。 • 可以使用系带卡摆弄鞋带。 • 可以对小物件进行分类。 • 在成人示范后，可以画一个圈。
4岁	• 形成优势手。 • 可以完成简单的拼图。 • 每个手指的指尖都能碰到拇指。 • 可以正确使用叉子。 • 可以自己穿脱衣物。

（续表）

5岁	• 可以剪出圆圈。 • 可以正确握铅笔或蜡笔。 • 可以写自己的名字。 • 可以画出一个有五六个身体部位的人。 • 可以画出一个正方形和一个三角形。
6岁	• 用剪刀剪东西时可以保持一条线。 • 可以独立完成15~20块的拼图。 • 可以用积木搭建小型建筑。 • 可以写字母表中的所有字母和数字0—9。

当教师和家长想让一个3岁的孩子写自己的名字时，他们期望孩子具备的许多技能与其所处的年龄发展特点并不适合。孩子还不认识所有的字母，肌肉发育、眼-手协调能力或视觉感知能力都还没有发展到可以完成这类任务的程度。有些幼儿的发展速度可能较快，但是要求整个班级中的所有幼儿都达到这样的目标是不合适的。

为学习书写做准备

幼儿的经验、兴趣及所处的环境都会影响他们做好书写准备的时间。虽然有些幼儿可能在四五岁的时候就已经准备好了，但是有些幼儿直到6岁才具备所需的动作技能和前书写能力。对还没有准备好书写的幼儿来说，教师可以在班级里开展书写活动。然而，有时教师发现，有些幼儿甚至还不具备这些活动所需的基本的精细动作技能，因此需要开展更多的活动来帮助他们发展这些技能。接下来，将阐释有助于所有幼儿做好书写准备的活动。

锻炼手部力量

动作技能是学习书写的基础。为了解动作技能对幼儿书写能力的影响，让我们先来看看幼儿大小肌肉群是如何发育的。美国研究者劳拉·伯克（Laura Berk）认为，幼儿的身体发育遵循从头部到身体下半部、从身体中部到外周边缘的规律。这一点从婴儿身上可以很容易看到。他们大约在 2 个月时开始抬头，但直到 1 岁时才学会走路；4 个月大时支持翻身的核心肌肉开始发育，但手指上的肌肉到五六岁时才开始发育。

当幼儿开始学习书写时，他应该坐直，保持正确的姿势，增强核心肌肉的力量。研究者史蒂夫·桑德斯（Steve Sanders）提出，这些肌肉能够使幼儿保持平衡，让他可以安全地移动和控制自己的身体。幼儿还需要平衡技能来坐稳，拿着一张纸不动，用铅笔做控制性的动作。与自由移动相比，有些幼儿在保持平衡方面更加困难，因为运动比保持平衡需要更少的身体控制。

为了提高幼儿的平衡能力，教师应将粗大动作技能的培养纳入日常教学活动中。除了增强核心肌肉力量外，还需要锻炼幼儿的手臂和腿部力量，以培养幼儿坐在桌边书写时的良好坐姿。以下粗大动作活动有助于培养幼儿的书写能力。

- ◆ 推手推车行走
- ◆ 像动物（如小熊、螃蟹）一样行走
- ◆ 丢沙包游戏
- ◆ 椅子俯卧撑或墙壁俯卧撑
- ◆ 瑜伽
- ◆ 拔河
- ◆ 用整个手臂在空中写字
- ◆ 在操场上或绳索上进行攀爬活动
- ◆ 在单杠上荡秋千
- ◆ 在墙上进行艺术创作，这样幼儿就必须使用整个手臂画画一旦幼儿拥有了较强的核心肌肉力量和平衡能力，教师就需要寻找方法促进幼儿手部肌肉的发展。可以从提高幼儿的抓握能力开始，不仅使手指有力，还要使整只手更有力。橡皮泥、黏土是增强幼儿抓握和手指力量的绝佳工具。幼儿可以用手或工具（如擀面杖、饼干切刀）摆弄橡皮泥。其他类似的选择，还有魔术彩蛋、水晶彩泥等。幼儿还可以使用筷子、钳子和镊子等工具将物品从一个容器转移到另一个容器中或采用对物品进行分类的方式来加强手部力量。操场上的单杠也可以加强手掌的力量，就像它们影响核心肌肉的发展一样。

为了发展全部手指的力量，幼儿需要进行可以锻炼钳形抓握和三指抓握的活动。这些握法涉及复杂的肌肉运动，因此需要反复练习才能掌握。班级中可开展的精细动作活动如下所示。

- 撕纸
- 用晾衣夹玩游戏
- 拧瓶盖
- 玩小钉板
- 对小物件进行分类
- 串珠子
- 使用系带卡
- 做基本的缝制工作
- 拼拼图
- 玩圆柱体插座（Knobbed Cylinders，蒙台梭利教具）
- 用镊子转移物体
- 用滴管进行艺术创作
- 在画架上绘画
- 将高尔夫球钉锤入黏土中
- 玩毛根

- 使用互锁结构的积木，如都普乐、乐高
- 用钥匙开锁
- 在感官区和沙盘区游戏
- 玩手指游戏和拍手游戏
- 玩需要精细动作技能的桌面游戏，如叠叠乐
- 摆弄砂纸字母（蒙台梭利教具）
- 使用带有尼龙搭扣、按扣、拉链和纽扣的梳妆板

辨认字母

幼儿在具有用纸和笔进行书写的手部力量之前，就能识别字母和书写字母的方式。幼儿必须经常在活动室里看到字母和单词，才能熟悉它们。教师可以在每件材料上标记单词和图片，帮助幼儿学习关键的常见词；可以在幼儿的视线范围内张贴班级规则和其他的关键信息；可以放置足够多的书籍，让每名幼儿都能接触纸质的阅读材料，这意味着每名幼儿至少需要有一本书，甚至更多，这主要取决于幼儿的阅读速度。

幼儿反复看到并开始认识字母时，即使还没有足够的手部力量抓握铅笔以做出复杂的动作，教师也要开始寻找独特的方法来重现这些字母。例如，教师可以把一个字母 A 形状的模具和橡皮泥放在一张桌子上，幼儿可以把橡皮泥揉成长圆筒状，然后放到字母 A 形状的模具中。使用橡皮泥可以增强幼儿的手部力量，比使用铅笔要容易一些。教师也可以提供磁性板，用长条形和圆形的磁力贴在磁性板上摆出字母。

蒙台梭利幼儿园通常使用浅沙盘，供幼儿用食指在上面写字母。沙子的质地与读写活动共同为幼儿提供了更多的感官体验。蒙台梭利幼儿园也使用一种叫"砂纸字母"的材料，具有类似的目的，主要是将砂纸剪成字母粘贴在小而平的木板上。幼儿可以用手指触摸

砂纸，学习每个字母。

"快乐书写课"是一门深受幼儿欢迎的书写课程，它将直线形和曲线形的木板放置在模板上，供幼儿学习如何组成一个字母。一旦幼儿掌握了模板的使用方法，他们就可以在没有模板的情况下用木板组合字母。这个课程也使用小黑板来帮助幼儿学习构造字母。例如，幼儿用一块小的、立方体的湿海绵在黑板上描画字母，这也可以帮助幼儿学会钳握海绵。

所有这些策略都可以帮助幼儿在具备进行传统的纸笔活动所需的手部力量之前，就学会构造字母。在体验字母的构造时，幼儿可以了解相似字母之间的区别，如 b 和 d。所有用于探索的时间都可以提高幼儿的视觉处理能力，为幼儿未来正式的书写做好准备。

教授字母结构是非常重要的，可以让幼儿养成正确的字母书写习惯。此外，教师还需要制作材料，帮助幼儿理解在一张纸上应该从何处起笔、字母之间应该留多少空间以及如何组织这些字母。例如，"快乐书写课"材料中每一页纸的左上角都贴上黄色的标签，以强调字母总是从上往下写的。蒙台梭利幼儿园在班级中用多种材料教从左到右和从上到下的概念。即使幼儿用肥皂和水擦洗桌子，他们也会从左上角开始，在顶部移动，从略低于起始点的虚构行开始。材料和实践中的小提示能够为幼儿阅读和书写做好准备。

以前书写为基础

早在可以书写之前，幼儿就学会了用画画的方式讲故事。这是学习书写过程中的重要一步。第一，无论是书写还是画画，幼儿都必须通过使用工具来发展精细动作技能。第二，幼儿必须思考自己想要通过绘画表达什么，这样才知道该画什么，就像需要思考自己想要说什么才知道该写什么字母一样。

当幼儿对实际书写的兴趣愈加浓厚时，他们就会开始创作一些看起来更接近符号而不是绘画的涂鸦。例如，幼儿可能从页面的顶部开始，向下移动到底部，在纸上画几行潦草的线条。随着时间的推移，涂鸦逐渐演变成字母的形式。这些"字母"也许带有平行线和水平线，但不像英语中真正的字母。

当幼儿可以写出真正的字母时，他们将开始随机写出一串字母，这些字母看起来像句子，但却没有真正的含义。在这个时候，他们已经看了足够多的纸质材料，可以模拟单词和句子的样子，但是还没有学会如何解码字母，以便将它们以有意义的形式进行组合。然而，也正是在此时，他们将学会与字母表中的每个字母相关的发音。一旦掌握了这些发音，他们就可以将这些发音组合在一起创造出新的单词拼写。因为英文的拼写规则有很多例外，只有小部分单词是按照发音拼写的，所以幼儿早期经常把单词拼错。但是，幼儿发明的拼法与单词的音标非常相似。

幼儿在幼儿园里经常会接触一些常见词，即他们在能读出单词之前一看就能认出来的简单单词。因为幼儿是通过记忆而不是发音来学习的，所以这些单词将是他们写出来的第一批真正的单词。幼儿甚至能把两三个常见词组合成简单的句子，如"I do."（我愿意）。

一旦幼儿开始创造性地拼写并识记常见词，他们就可以出色地编写故事，使用常规的拼写和句子。在这个阶段，幼儿会不断地询问教师如何拼写某些单词。可以理解的是，这种做法很快就会让教师不耐烦。但请记住，正如成人需要通过回答幼儿的问题来鼓励他们的好奇心一样，他们同样需要在幼儿询问时告知单词的拼写方法来激发他们对书写的兴趣。

写日志

幼儿在能拼写单词和造句之前，就可以开始写日志了。幼儿的日志可能始于他们的图画，图画中往往配有他们向教师口述的说明。

随着幼儿对书写的认识越来越多，他们可能会随机选择一些字母搭配图画，或者抄写他们在活动室里看到的单词。虽然幼儿还没有用传统的方式进行书写，但是他们也在学习用阅读书籍的方式写日志（从页面的顶部到底部、从书的前面到后面）。教师可以把写日志作为一个小组活动，让幼儿在每周的固定时间进行，或者让幼儿随时使用日志记录自己的艺术作品或进行书写。

　　日志除了能够帮助幼儿练习书写和绘画，还有其他的好处。首先，幼儿可以通过绘画进行书面交流，也可以通过颜色、单个字母、向教师口述的说明或者写的第一个单词来表达自己的观点。其次，幼儿可以通过日志表达他们无法用词汇表达的各种情绪。因此，日志可以帮助他们进行自我调节并平静下来，例如，可以让幼儿根据自己的感受进行绘画。即使他们全年不用同一本日志，也要在活动室里放一些废纸或小册子，供幼儿在每个区域书写时使用。这一做法可以给幼儿带来与写日志相同的益处，也能够为幼儿创设一个丰富的语言环境，他们会发现阅读和书写如何帮助自己了解其他的领域知识。

向纸和笔过渡

　　随着年龄的增长，幼儿最终会坐在桌旁的椅子上，用纸和笔书写。这时，为了更好地支持幼儿进行书写练习，教师可以重新布置活动室。比如：桌椅要适合幼儿的大小，他们的脚应该稳稳地踩在地板上（不能勉强够到地板或悬空）；背部和大腿之间应该成90°角，大腿和小腿之间也应该成90°角。这种支持可使幼儿保持正确的姿势，增强他们的平衡能力和控制身体核心肌肉的能力。

　　幼儿的书写工具也很重要。因为他们的手比较小，握大铅笔或记号笔会有困难。书写工具越长，幼儿的手要承受的重量就越大。

幼儿更容易操纵比一般长度更短的工具，如高尔夫计分笔。

教师还需要考虑幼儿书写时的身体耐力，田径教练通常不会要求短跑运动员具备跑马拉松的耐力。同样，如果幼儿从来没有定期坐下来进行长时间书写的经验，那么他们的手部肌肉便不足以支持这种水平的书写，手部很快就会抽筋，感到酸痛，最终引发痉挛。这时，幼儿当然无法展现自己最好的作品，这会使他们和教师都感到沮丧。照此下去，这种苦楚甚至会导致幼儿不再喜欢或害怕书写。

当教师鼓励幼儿书写时，幼儿可以不用写那么多，只简单书写一个字母或自己的名字即可。这样既可以提高幼儿的书写质量，也不会伤害幼儿对书写的态度，还能确保幼儿在活动室里有充分活动和游戏的自由。即使对年龄较大的幼儿来说，书写在幼儿园中也只应该占据很小的一部分时间，他们还应该有充足的时间探索空间和参与实践性学习。

幼儿拒绝书写，怎么办

很多教师想知道，如果幼儿拒绝书写，该怎么办？这种情况经常发生，原因有以下三点。

第一，幼儿还不具备足够的手部力量来完成这项活动，因此尝试这个活动会导致其手部不适、紧张或疼痛。更糟糕的是，强迫幼儿重复这种消极的学习经历会影响他们今后对学校的态度。幼儿通常喜欢到学校学习和与朋友进行游戏，教师不可以挫伤他们的热情。因此，即使幼儿还没有足够的手部力量进行书写，教师也应该在班级中提供材料，以帮助他们辨认字母和发展精细动作技能。幼儿可以与这些材料互动，直到他们的手部肌肉为书写做足了准备。

第二，幼儿不想书写可能是因为他们不想坐下来进行桌面活动。许多幼儿需要大量的运动来帮助他们学习，而且他们无法长时间专注于一个固定的活动，如长时间地书写。就像生成课程中的活动一样，教师需要将幼儿的兴趣融入书写活动中，以鼓励幼儿参与其中。例如，如果幼儿对鲨鱼感兴趣，那么教师可以开展小组活动，让幼儿创作一本关于鲨鱼的书。

第三，幼儿拒绝书写可能是因为他们的身体还没有发育到可以完成这类工作的程度。例如，幼儿还没有能力在桌前静坐足够长的时间来完成任务。对于手部力量发育不足的幼儿，教师应开展辨认字母和发展精细动作技能的活动。之后，一旦幼儿准备好进行桌面活动，他们就会学习重要的书写技能。

请牢记，每名幼儿的发展速度不同。有些幼儿可能要到五六岁时才准备好书写。教师应鼓励幼儿尝试新的甚至困难的事情，但不要强迫他们去做超出自己发展水平的事情，因为这通常会让幼儿受挫，从而阻碍而非促进他们的学习。

第10章
生成课程与幼儿问题解决能力的发展

为了在学前班表现优异，幼儿需要学会独立思考。记忆字母、数字、颜色或书写自己的名字等技能对幼儿进入小学是有帮助的，但它们并不像分析和解决问题技能那样对幼儿的成长具有长远影响。当幼儿能够发现问题、确定问题的根源并提出解决问题的办法时，他们就不需要成人的即时帮助来处理问题。他们可以创建自己的理论并进行实时测试。虽然幼儿面临的问题可能很简单，比如，两名幼儿为同一组积木而争吵，但是学会解决这些问题将有助于他们一生的发展。

皮亚杰理论

为了帮助幼儿学习解决问题，而不仅仅是记忆信息，幼儿教育工作者需要了解幼儿是如何学习的。瑞士著名心理学家让·皮亚杰（Jean Piaget）认为，每名幼儿在发展大脑执行功能的过程中都会经历四个认知发展阶段。在每一阶段中，幼儿的问题解决能力都会得到发展，并且在进入下一阶段之前必须掌握上一阶段的技能。

下列各阶段的信息摘自皮亚杰、美国儿科学会发布的文章《新生儿反射》（Newborn Reflexes）和儿童发展研究所（Child Development Institute）。

感知运动阶段

感知运动阶段一般发生在 0—2 岁。

- 婴儿最初对环境的反应是先天性的反射,如觅食反射(当有东西碰到他们的面颊时,他们的头会转向刺激方向)。
- 2—4 个月时,婴儿会有意识地重复喜欢的动作,比如,在高兴时踢腿。
- 4—8 个月时,婴儿开始重复可以引发愉快反应的动作,比如,他们会反复摇晃拨浪鼓,因为他们喜欢听到这种声音。
- 快 1 岁时,婴儿的行为会更有目的性,比如,他们如果够不着拨浪鼓,就会向它爬去,把另一个物品推到一边去够拨浪鼓。
- 12—18 个月时,学步儿开始通过拼凑物品来学习,而以前他们只会把物品拆开。他们可能会尝试堆积木或在环形塔的顶部放置环形物。这些活动能够在幼儿探究环境的过程中培养其意向性。
- 18 个月—2 岁时,学步儿学会如何将不在视野中的物体形象化。一旦掌握了这一技能,学步儿就会获得客体永久性:即使看不见物体,他们也能理解这一物体是存在的。

前运算阶段

前运算阶段一般发生在 2—7 岁。大多数学龄前幼儿都处于这一阶段,部分发展迟缓的幼儿可能仍处于感知运动阶段。

- 幼儿思维集中化,在同一时间内仅能关注到情境中的某一元素。当事件复杂且有许多不同的组成部分时,幼儿将最可能仅专注于一个部分。例如,奥利维娅从椅子上摔下来,头撞到了地板上,摔下来的时候还不小心撞到了赞恩。虽然赞恩没有受伤,但奥利维娅撞了他,让他很不高兴,并且一直抱怨。但他似乎没有注意到,奥利维娅在地板上哭泣。

- 幼儿以自我为中心。他们通常认为自己的观点是最重要的，其他人的看法都与自己相同。例如，卡莉的塔还需要一块 L 形积木。不远处，贾伦和诺克斯也在建塔，他们已经用了 3 块 L 形积木。于是，卡莉从他们的塔上拿走了一块 L 形积木，丝毫没有考虑他们的感受，也没有考虑过他们的塔怎么办。
- 幼儿开始用符号表征其他事物。他们能够识别字母和数字，因为能够理解，比如数字 9 代表给定数量的事物。在前运算阶段的初期，幼儿只能记住字母的名称。但到这个阶段的中期，他们开始将字母与读音联系起来，并开始解码单词。
- 在前运算阶段初期，幼儿与其他幼儿在同一房间内进行游戏，但在游戏过程中不会发生互动。当掌握了更多的语言技能，变得不那么以自我为中心时，他们开始参与集体游戏，最终会参与戏剧游戏并扮演自己以外的角色。

具体运算阶段

具体运算阶段一般发生在 7—11 岁。虽然大多数儿童在学龄前时还没有达到这个阶段，但有的儿童可能比同龄人更早地进入这个阶段。

- 儿童的思维变得更具逻辑性。他们可以在头脑中进行更高级的运算，包括数学运算和其他解决问题的过程，而不需要手动操作以解决问题。
- 儿童了解守恒性。他们理解，即使分组方式不同，数量仍然不变的概念。例如，一个成人给一名儿童看了 10 个摞在一起的硬币，然后把它们摊开排列成一行，儿童会知道硬币的数量仍然是相同的。而处于前运算阶段的儿童可能认为，一排硬币的数量多于一摞硬币的数量。

形式运算阶段

形式运算阶段一般发生在 11 岁之后。在这个阶段，儿童学习抽象地思考和解决问题。有趣的是，皮亚杰认为许多成人也还没有达到这个阶段，他们在整个成年期可能还需要具体的信息来解决问题和做出决定。

培养好奇心和学习兴趣

从出生到 7 岁，儿童会吸收大量的信息，因此这个阶段是培养学习兴趣的最佳时机。这一过程始于婴幼儿时期，他们天生对周围的世界充满好奇。这一时期，家庭成员和照护者能够为他们做的最重要的事情就是鼓励他们的好奇心。让学步儿探索环境，鼓励幼儿进行提问。好奇心是幼儿的一项基本技能，幼儿教师需要做好准备，激发他们的好奇心，这样才能培养他们对学习的热爱。以下是一些可以尝试的方法。

创设利于探索的环境

创设一个允许幼儿探索的班级环境。在这样的环境中，幼儿可以接触和使用所有材料。要避免经常关闭活动室里的某些区域，或者在一天的特定时间禁止使用某些材料的情况。当然，为了避免过度拥挤和争吵，可能需要限制某个时间段内某个游戏区中幼儿的数量。但是，如果你仅仅因为不想清理活动室的某个区域而反对某种游戏，那么，你也许应该重新考虑这个决定。

活动室里应有足够的积木和其他玩具，以确保所有幼儿都有材料可玩。如果活动室里没有足够的材料，那么试着让幼儿自己制作材料。你可以创设一个学习环境，比如，提供一些纸板箱让他们构建，或者让他们帮忙制作面团。

以幼儿的兴趣为基础

为了找到满足班级幼儿需求的材料，请遵循生成课程的指导原则：跟随幼儿的兴趣。如果学习材料与幼儿喜欢的主题相关，他们就会更乐于学习。

案例研究：解决恐龙短缺的问题

温妮班上的孩子们都喜欢恐龙，但是班里只有几个塑料恐龙给他们玩，于是温妮决定用其他方式把恐龙纳入课程。开始时，她把关于恐龙主题的书放在活动室的图书区，在圆圈时间和自主游戏时间与孩子们一起阅读。温妮注意到，即使她一开始只给一个孩子读，也会有更多的孩子凑过来听。

几天后，温妮带来了一些纸板箱，并建议孩子们用他们学到的东西建造自己的恐龙。许多孩子都想参加，因此，第二天温妮又带来了更多的纸板箱并且将孩子们分成几组。通过跟随孩子们的脚步，温妮创设了丰富的学习环境，幼儿在这样的环境中感到很兴奋。

参与其中

教师可以通过参与班级活动来激发幼儿的好奇心。教师如果只是观察班级，就可能错过许多关键的学习经验；如果坐在不同的游戏区里与幼儿交谈和游戏，那么不仅可以真正观察到他们发展中的技能，还可以传递一种信息：班级活动也是值得关注的。同样，如果一位教师想让幼儿在圆圈时间唱歌和跳舞，他就必须也要唱歌和跳舞。幼儿不仅要学习单词和动作，还要目睹教师愉快地参与其中，这通常会增加他们参与的欲望。

避免拘泥于纪律

教师如果花大部分时间在活动室里追着幼儿告诉他们不要进行某些行为,就会导致全班幼儿都不想参加活动。从幼儿的角度来看,如果有人反对,那么为什么还要尝试呢?

为了避免整天管教幼儿,教师首先要有积极的计划。如果教师能够根据幼儿的兴趣选择活动,一些消极的行为自然就会减少,因为幼儿忙于享受学习,也就没有时间制造问题。然而,如果一名幼儿开始表现出挑战性行为,你就需要在保持幼儿学习动机的同时中断这种行为。可以试着把他转移到活动室里对他有吸引力的区域,也可以为他找一个积极的榜样(教师或其他幼儿),向他展示如何恰当地参与活动。

案例研究:重新引导超级英雄游戏

在艺术区,教师扎卡里与卡登丝谈论她正在混合的颜料颜色。这时,乌贝和佩皮塔开始在活动室里相互追逐。"小心,超级英雄佩皮塔来了!"佩皮塔喊道。

"你抓不到我的!我是超级英雄乌贝!"乌贝回应道。

扎卡里迅速思考如何恢复班级秩序以免有人受伤。她想到,这两位"超级英雄"都喜欢绘画,因此说道:"超级英雄佩皮塔、乌贝,你们的斗篷是什么颜色的?"

"绿色!"佩皮塔说道。

"我的是紫色!"乌贝说道。

"哇,你们可以走到艺术区把它们画下来吗?"扎卡里招手,"超级英雄"们向艺术区走去。扎卡里笑着对卡登丝说:"今天你混合了各种颜色,可以帮我向佩皮塔和乌贝展示如何调成他们需要的颜色吗?"

"好的。"卡登丝说道。

培养问题解决能力的方法

提问和回答问题

教幼儿解决问题，首先要让他们进行提问。在大多数幼儿园中，幼儿的提问通常发生在没有成人提示的情况下。他们会问教师，为什么有一辆红色的汽车、早餐吃什么了、如何学习阅读以及他们能想到的其他问题。教师可能会因为在一天内听到如此多的问题而不知所措。然而，创设有利于培养幼儿的问题解决能力的班级环境的关键是耐心地回答问题。如果得到的是粗暴或居高临下的回应，幼儿最终就会停止提问。虽然这可能会让忙碌的教师松一口气，但会阻碍幼儿学习能力的发展。鼓励学习的班级就是鼓励提问的班级。教师可以尝试以下方式来回答幼儿的问题。

- 坚持以适合幼儿发展水平的方式回答问题，避免使幼儿不知所措。回答的内容要与幼儿能够理解的主题和内容相关，例如，4岁的莫莉问："老师，你什么时候学会阅读的？"你可以这样说："莫莉，我学会阅读的时候只比你大一点。最初，我的妈妈和老师教我读书，然后我记住了一些单词，最后我很勇敢，开始试着自己读这些单词。"
- 使用幼儿最熟悉的词汇。教师如果提到一个新词汇，就要用幼儿已经知道的词汇进行解释。
- 教师如果不知道某个问题的答案，就可以直接承认。在可能的情况下，为幼儿示范如何找到答案。
- 如果幼儿问了一个可能没有唯一正确答案的开放式问题，那么可以让他们进行头脑风暴，思考问题的答案是什么。

通过向成人提问，幼儿可以学到很多东西，但当成人向他们提问时，他们也可以进行学习。有两种基本的问题形式：简单问题和开放式问题。

许多简单问题只需要一个词的答案："是"或"否"，它们通常只有一个正确的答案。简单问题通常涉及"什么""何时"这两个词语，如"晚餐想吃什么？"，虽然这个问题的答案可能会有很多字，但并不需要进行头脑风暴。在一日活动中，教师肯定需要问一些简单问题，如"是否洗手了？""是否想要第二份午餐？"。然而，如下面的案例所示，要想鼓励幼儿深度思考，培养他们的问题解决能力，单靠简单问题是远远不够的。

案例研究：简单问题出错了

穿着橙色连衣裙的阿梅莉亚拉着妈妈奥珀尔的手蹦跳着进入活动室。教师华金说："阿梅莉亚，你今天穿的裙子真漂亮！它是什么颜色的？"

阿梅莉亚看着裙子，骄傲地说："粉色！"

"哦。"华金回应道，他和奥珀尔都忍着没笑。两个大人还没来得及说什么，阿梅莉亚就跑到了积木区。"看来我们今天需要练习识别颜色了。"华金苦笑着说，奥珀尔也笑了。

开放式问题

成人提出的开放式问题需要幼儿进行头脑风暴、想象并清晰地给出回答。开放式问题可以有多个正确的答案，通常涉及"如何""为什么"这两个词语，如"熊是如何爬上山顶的？""把最后一块积木放在塔顶时，塔为什么会塌？"或"我们要怎么搭，这座桥才能不倒呢？"。对这类问题的回应，通常需要比较详细的解释。

教师可以使用开放式表达，如"我想知道，熊为什么坐在墙上？""给我讲一讲，你这个周末都做了什么？"，以鼓励幼儿详细地回答问题。这些类型的问题通常没有特定的答案，因此幼儿可以畅所欲言。需要注意的是，在使用开放式问题或表达时，教师需要做好准备倾听幼儿的回答。即使幼儿花费的时间比你想象中的要长，这一行为也会让幼儿感受到你很在乎他们的答案。

教师在倾听幼儿对开放式问题的回答后，还要验证每个答案。当然，幼儿的一些建议和回答可能会不合逻辑或者并不可行，但是不要立即否定他们的回答，可以通过询问幼儿如何实现这个想法来扩展他们的学习。例如，一个孩子说，班级可以建造一个通向天空的梯子，看看云彩是什么样的，你可以向他询问建造这么高的梯子需要什么材料，如何保证梯子不会倒下来。虽然教师有时需要向幼儿解释并不是每个想法都能实现，但那些看似荒谬的提议也能帮助他们发展问题解决能力。

练习估算

估算是一种早期的数学技能，是幼儿基于研究形成假设或有根据地进行猜测的一种方式。为了引入"估算"的概念，可以试着在一个透明的罐子里装满糖球，然后让幼儿估计或猜测糖球的数量。有些幼儿为了达到惊人的效果可能会说一些夸张的数字，所以教师有必要向他们解释，这项活动的目的是要做出准确的猜测，不可以乱说。如果有些幼儿不知从何开始，那么可以提供一个初步的估值作为参照。当所有幼儿都做出猜测后，可以顺势在活动中增加动手操作的环节，打开罐子和孩子们一起数糖球。这样不仅可以帮助他们练习计数，还能让他们知道估算实际上是什么。

许多幼儿园班级使用图表来教估算。例如，教师私下问每名幼儿更喜欢粉色还是蓝色，然后让全班幼儿猜测有多少人选粉色，多少人选蓝色。孩子们可以估计每种颜色的总票数，然后教师做一个图表来展示真实的数据。

就像对开放式问题或表达的回应一样，不要因为幼儿的错误估算而对其进行惩罚。事实上，如果你参加了这个活动，却不小心估错了，这就强化了一个事实，即成人也并非无所不知，即使猜错了也没关系。当幼儿不担心猜错的后果时，他们就更可能进行猜测。如果估算成为班级活动中的常规部分，幼儿就会更愿意参与其中。

教授科学方法

科学方法是一种通过收集信息，对事情发生的方式、原因尽可能地做出猜测，并验证猜测的一种方法。多年来，人们倾向于将科学方法视为只供专业研究人员使用的技术。然而，各行各业的人们每天都在使用科学方法，因为他们遇到问题时会试图找到问题的根源，并提出可能的解决方案，但他们往往没有意识到这一点。例如，商店经理注意到商店的销售额下降，于是他与同事和顾客进行交谈，在互联网上搜索相关信息，然后发现这条街的那头又开了一家和他竞争的商店。接下来，经理想到一个可行的解决方案：他决定暂时降低商品的价格，以吸引顾客进入商店，希望顾客看过商品的质量后继续从他的店里购买商品。

如上面的例子所示，无论在哪个领域工作，科学方法都是一个重要的工具。因此，教师需要帮助幼儿在有认知能力的情况下尽快学会使用科学方法。虽然"科学方法"这个词听起来技术性很强，但其过程很简单，在幼儿园班级中也很容易操作使用。

科学方法的使用步骤

- 提出问题。

- 收集信息以回答问题。
- 做出假设。
- 检验假设。
- 从检验中收集数据。
- 得出结论——假设是否正确。
- 与选定的听众分享结果和结论。

这些步骤在幼儿园班级中是如何应用的呢?

案例研究：福里斯特的积木塔实验

- 提出问题——福里斯特询问："我把塔建到多高时，它才会倒？"
- 收集信息以回答问题——福里斯特询问其他幼儿，他们的塔建到多高时倒的、用了什么类型的积木以及是在地板上还是桌子上搭建。
- 做出假设——福里斯特推测，他可以在地板上用大积木搭起一座高达他肩部的塔。
- 检验假设——福里斯特用他选择的积木建塔。每增加一块积木，他都会计算积木的总数，以确定塔的高度。他一直搭建，直到塔倒塌。
- 在检验中收集数据——在塔倒塌前的最后一次统计中，福里斯特发现有15块积木堆叠在一起，此时塔顶在他的锁骨位置。
- 得出结论——福里斯特得出结论，他不能用大积木建造一座高达肩部的塔。
- 与选定的听众分享结果和结论——在圆圈时间，福里斯特告诉他的朋友们他的实验是如何进行的以及得出的结论。

科学方法的教授技巧

为创设一个让孩子们使用科学方法的班级环境,教师需要了解自己在这个过程中的角色。

- 创设幼儿可以提问的环境。当他们提问的时候,可以经常这样回应:"让我们找出答案吧!"
- 与其立即介入帮助幼儿解决问题,不如让幼儿稍微体验到挫败感。如果幼儿能自己发现问题,他们就更希望自己解决这些问题。
- 在一日活动中提供大量的自主选择时间,这样幼儿就可以摆弄班级材料,并就使用材料的不同方式进行头脑风暴。
- 在自主选择时间,用开放式问题或表达提示幼儿,引导他们问一些他们可能会找到答案的问题。
- 让幼儿检验他们的假设,即使它们可能是有问题的。幼儿在很小的时候就应该明白,不是所有有根据的猜想都是正确的,这是没关系的。
- 让幼儿按照自己的节奏使用科学方法,而不是插手为他们完成任务。虽然这可能需要花费更长的时间,但他们会学到更多的东西。
- 偶尔给幼儿设置一些小障碍,让他们去克服,以促进问题的解决。可以向幼儿示范如何克服障碍,然后把这个过程教给幼儿。例如,一名幼儿用棍子和防水布在操场上建堡垒,你可以问:"如果堡垒在大风天倒塌了会发生什么?"这个问题可以让幼儿在建堡垒的同时思考各种可能性。如果幼儿想不出解决方法,那么教师可以在描述如何解决这个问题时说出自己的想法:"如果堡垒在大风天倒塌,防风布就可能被吹走。我怎么做才能不让它被风吹走呢?好吧,我可以……"
- 当幼儿头脑风暴潜在的假设时,教师可以提醒他们正确答案不止一个,他们可以检验多种理论假设。
- 经常请幼儿在活动室里帮忙,例如,在午餐前摆放桌子或者清理混乱的环境。为避免幼儿抵触这些要求（"不！我想玩！"），请让这种任务成为幼儿园一日活动中的一部分，例如，使用每周轮换的工作表。肩负某项责任，会给幼儿一种被赋权的感觉。反过来，如果幼儿感受到自己在班级中的力量，他们就更有可能在头脑风暴时提出假设。

- 在圆圈时间或其他阅读时间，选择关于人物解决问题的书籍。在讲故事的过程中，教师也可以提出一些简单问题，帮助幼儿理解人物在做什么。

幼儿天生具有创造力，他们会提出很多问题，并找到解决问题的方法。因此，教师在科学方法方面的主要作用是帮助幼儿在面对问题时保持自如，并提醒他们自己尝试寻找答案。教师对幼儿的信心，可能与幼儿在家里对自己的认识形成强烈的对比。例如，家长不停地让孩子不要碰东西，因为孩子可能会把东西弄坏，他就会认为自己什么都做不好，在幼儿园也会犹豫要不要插手解决问题。还有家长试图阻碍孩子独自面对问题。例如，即便5岁的孩子已经有能力做，有些家长也不会要求孩子整理自己的房间或协助做任何日常家务。这种养育方式可能会导致幼儿在识别问题和寻求可能的解决方案时陷入困境。由于缺乏相关经验，幼儿可能认为自己无法胜任这两项任务。

这就是为什么说，游戏是学前教育中必不可少的一部分。如果幼儿可以在活动室里的所有区域使用所有材料，他们就会遇到问题。例如：两名幼儿想要同样的服装，塔会倒塌，画会被毁掉。这是探索性环境的本质。当问题出现时，教师需要提出开放式问题，如"我们怎么做才可以确保每个人都有机会穿上消防服？"。给幼儿提供制定解决方案的机会。当幼儿提出自己的想法时，教师可以鼓励他们去尝试这些可能性，看看会发生什么。这种环境将促进幼儿思考力和创造力的发展。

第11章
利用重视过程的艺术创作丰富生成课程

当你回顾幼儿园班级的课程计划时,总会发现每天都有艺术创作部分。艺术作品和手工艺品已经成为有形的日常成品,用来向家长展示他们的孩子在幼儿园一天中所做的事情。不幸的是,大多数班级的艺术区已经不再提倡创造性艺术的创作。相反,他们鼓励幼儿复制教师提前制作好的作品。现在的重心已经从让孩子们真正享受创造性地表达转变为制作适合展示于公告栏的最终成品上。

什么是艺术

我们总是混用"艺术"(art)和"手工艺品"(craft)这两个词,但它们指的是两种不同类型的项目。在手工艺品的制作中,参与者使用相同的艺术用品制作同一产品的复制品。但是在艺术创作中,参与者使用不同类型的艺术用品(如颜料、粉笔、蜡笔和墨水)创造性地表达自己。不管最终成品是什么样子的,最重要的是它的创造者享受艺术创作的过程。换句话说,艺术创作是重视过程的学习,而手工艺品的制作是重视成品的学习。在生成课程中,孩子们应该主要进行艺术创作而不是手工艺品的制作。

艺术创作（重视过程的学习）	手工艺品的制作（重视成品的学习）
• 没有分步骤的指导。 • 没有教师制作的样品供幼儿模仿。 • 没有正确和错误之分。 • 每个人的作品看起来都不一样。 • 不需要以特定的方式完成作品。 • 关注幼儿使用的材料（如颜料或粉笔）、塑造材料的工具（如画笔或印章）以及创作的经验。 • 对每名幼儿来说都应该是一次愉快的经历。	• 有详细的指导，必须按部就班地遵循。 • 教师必须制作样品供幼儿模仿。 • 有正确和错误之分。 • 如果幼儿的作品看起来和教师的不一样，可能会让他们感到挫败。 • 孩子们完成的作品几乎完全一样。 • 为了使作品看起来一样，教师可能会试图改变幼儿的作品。 • 全班幼儿参与其中。 • 想法和说明经常可以在互联网上找到。

鼓励重视过程的艺术创作

艺术区的材料和常规

教师需要反思自己是如何在活动室里创设艺术区和开展艺术活动的，并确保它们能够鼓励幼儿进行重视过程的艺术创作，而不是重视成品的手工艺品的制作。首先，幼儿应该全天都可以进入艺术区。他们需要充足的时间通过艺术作品表达自己，因此艺术区应该像其他区域一样对幼儿开放。教师可以在学年开始时建立一个常规：在艺术区使用了材料的人，在完成作品后要清理该区域。这样，教师就不需要经常清理艺术区。

教师应该在艺术区投放各种各样的材料。幼儿不仅应该每天都可以接触蜡笔、记号笔和铅笔，还应该有机会摆弄颜料、粉笔和胶水等容易造成脏乱情况的艺术材料。这些多感官的体验有利于丰富幼儿的学习。

即使教师已经计划好了当天的艺术活动，幼儿也应该经常有机会使用画架进行绘画。画架能够帮助幼儿练习三指抓握（因为画纸表面的倾斜角使得幼儿很难用手掌抓握），也可以让幼儿拥有创作的自由，画任何想画的东西。

艺术区应该包括一个拼贴区域。可以在这个区域投放许多开放性材料，供幼儿自行创作。传统的二维拼贴需要纸张、剪刀、胶带和胶水，但是要创作三维艺术作品的话，拼贴区还需要有纱线、纽扣、干豆子、珠子等开放性材料。开放性材料可以让幼儿想象并创造出真正的新事物。使用开放性材料进行拼贴可以为幼儿提供解决问题、想象、推理的机会，并提高精细动作技能和眼-手协调能力。虽然拼贴会让活动室变得有些凌乱，但其好处远远超过不便。

保护艺术创作中的凌乱

为了让幼儿充分利用鼓励创造力发展的多感官艺术区，就要让他们毫无顾忌地进行操作，即不必担心颜料、胶水或其他物质沾到身上而弄脏衣物。家长或教师需要为幼儿提供罩衫或艺术衫，以免幼儿在创作时弄脏衣服。尽管如此，意外仍有可能发生，因此教师需要向家长解释为什么幼儿每天都需要穿便于游戏的服装来园，而不是昂贵的、不可以弄脏的衣服。如果幼儿可以自由地游戏且不必担心会弄得一团糟，他们就不仅会更乐意参加艺术活动，还会参加那些他们可能会避开的活动，比如，在沙池里游戏。家长必须明白，幼儿园不是时装秀现场，高质量的学前教育允许孩子变脏。

艺 术 工 具

除了有一个永久开放的艺术区，教师还需要计划重视过程的艺术活动，这样幼儿就可以有新的体验。重视过程的艺术课程计划通常会指定艺术材料以及操作工具，但不会说明最终成品应该是什么样子的。例如，课程计划可能会说明幼儿将创作大理石画，这类艺术创作活动通常需要将大理石浸入颜料中，然后在纸上滚动。在这一活动中，艺术材料是颜料，操作工具是大理石。然而，课程计划并没有对绘画的内容、使用的颜色等提出任何要求，这些细节都是由幼儿自己决定的，因此最后没有两幅画看起来是完全一样的。

教师可以使用许多不同的工具为幼儿提供独特的艺术体验。以下是一些最常见的选择。

- 幼儿自己的手指（手指画）
- 棉球
- 气泡缓冲膜
- 火柴盒小车
- 丝瓜络或其他沐浴海绵
- 苍蝇拍
- 泡泡棒（通过将彩色泡泡吹到纸上来作画）
- 梳子
- 厨用刷子（如涂油刷或清洁刷）
- 铝箔纸
- 羽毛
- 细绳
- 毛根
- 高尔夫球
- 棉签
- 马桶栓塞（仅限新的、未使用过的！）
- 牙刷
- 喷瓶
- 吸管（吹颜料）
- 磁铁（将一块磁铁放在纸上的颜料中，使用另一块磁铁在纸的下

面移动该磁铁）
- ◆ 滚筒刷
- ◆ 户外材料，如树枝和树叶
- ◆ 土豆捣碎机

除了使用各种各样的工具，教师还可以创设各种各样的环境，让幼儿进行艺术创作。以下是几种常见的想法。

- 在户外进行绘画或做拓片。
- 躺在桌下画画，就像意大利画家米开朗琪罗（Michelangelo）画西斯廷教堂一样。
- 趴在秋千上画画。
- 坐在纸板箱里画画。

教重视过程的艺术创作

由于重视过程的艺术创作不是对教师作品的完全复制，因此有些幼儿最初可能不知道如何开始。教师向幼儿展示该怎么做的最佳方式，就是坐下来使用艺术材料进行创作。幼儿通过观察来学习，所以如果他们看到教师在尝试使用不同的工具、颜色或材料，他们就会受到鼓舞而去做同样的事情。

教师在介绍新设计的艺术课程时，应该在当天的圆圈时间演示该活动。例如，某课程计划要求幼儿使用气泡缓冲包装膜作画，教师应把材料拿到地毯上，并演示如何将包装膜浸入颜料中，然后将其压在纸上。不过，请注意，教师不应该要求每名幼儿都完全按照演示的方式完成这项活动。例如，有的幼儿选择坐在艺术桌旁，像使用画笔一样使用包装膜，而不是压印作画，这也是完全可以接受的。教师只是简单地展示使用工具的方法，这样幼儿就可以自己开启创作过程。

幼儿在完成一项艺术活动时，无论是基于计划的课程还是自己的想法，他们总会向教师展示自己的艺术作品。教师可能会说"漂亮"或"棒极了"，或者有意地问幼儿"这是什么"。即使教师的本意是好的，但是这样的说法可能会让一个花了很长时间准备作品的幼儿感到失望。他为自己的作品感到骄傲，而得到的回应就是这些吗？与其给予泛泛的表扬或询问作品是什么，教师不如从开放式表达开始，让幼儿描述自己的作品，如"给我讲讲你的画""你感觉如何"或"你最喜欢画中的哪个部分"。这里的每一种表述都让幼儿提供有关作品的信息，而不会让幼儿觉得教师在评判作品的某些方面。这样的表述也会让幼儿运用自己的全部词汇来描述自己创作的东西。

当幼儿完成一件艺术作品时，教师可以询问他们是否希望在作品上加入文字。有些幼儿喜欢让教师给他们画的东西写上标题或说明，有些幼儿只想把自己的名字写在作品上。如果有的幼儿明确表示不要在艺术作品上写字，教师就需要尊重他们的请求。因为他们很努力地创作，可能觉得增加文字会毁掉作品。如果教师还是想把幼儿的名字写在艺术作品上，以便他们将各自的作品带回家，那么教师可以等湿的部分（如胶水或颜料）干了以后，在一个不显眼的地方写上他们的名字，如作品的背面或底部。

手工艺品和涂色纸

许多教师询问，手工艺品在幼儿园活动室里是否有一席之地。手工艺品从来都不是艺术区的重点，因为艺术区主要依赖用于自我表达的学习工具，而手工艺品的制作使用被指定的学习工具，这两种工具往往不能很好地结合。但是手工艺品的制作偶尔也会出现在艺术课程中。它们很适合被当作节日礼物，如母亲节的贺礼，用于表达感恩之情；抑或用于庆祝学习成果的室内装饰，如为完成班级项目而举行的聚会。

教师如果确实计划了手工活动，就应该遵循自己在其他区域的做法，不强迫所有幼儿都参与其中。教师可以给每名幼儿同等参与的机会，并允许他们说"不"。如果一名参与手工活动的幼儿改变了最终成品的样子，那么这是完全可以接受的。虽然手工活动的目标通常是按照指示制作一个特定的最终成品，但如果幼儿有其他的想法，教师也应该鼓励他们的这种创造力。

教师们还询问，他们是否可以或应该在艺术区使用涂色纸。这种类型的任务会明确地告诉幼儿，完成某项活动只有一种正确的方法。幼儿如果没有遵循纸上的指示，比如在线外着色，就会失败。艺术区的主要目的是让幼儿表达自我，但涂色纸会限制他们。重视过程的班级活动的目的是让幼儿通过活动来学习，而不是创造出完美的成品，因此这些材料并不适合这种学习环境。

参考文献

American Academy of Pediatrics. 2009. "Newborn Reflexes."

American Academy of Pediatrics. 2019. "Developmental Milestones: 4-to-5-Year-Olds."

Bassok, Daphna, Scott Latham, and Anna Rorem. 2016. "Is Kindergarten the New First Grade?" *AERA Open* 2(1): n.p.

Berk, Laura. 2012. *Child Development*. 9th ed. London, UK: Pearson.

Center for Family Services. 2019. "School-Readiness Goals."

Child Development Institute. n.d. "The Stages of Intellectual Development in Children and Teenagers."

Dodge, Diane Trister, Sherie Rudick, and Kai-Leé Berke. 2011. *The Creative Curriculum for Preschool*. 6th ed. Bethesda, MD: TeachingStrategies.

Ginsburg, Kenneth, the Committee on Communications, and the Committee on Psychosocial Aspects of Child and Family Health. 2007. "The Importance of Play in Promoting Healthy Child Development and Maintaining Strong Family Member–Child Bonds." *Pediatrics* 119(1): 182–191.

Harms, Thelma, Richard Clifford, and Debby Cryer. 2015. *Early Childhood Environment Rating Scale*. 3rd ed. New York, NY: Teachers College Press.

Kentucky Governor's Office of Early Childhood. n.d. "School Readiness in Kentucky."

Miller, Susan, Ellen Booth Church, and Carla Poole. 2019. "Ages and Stages: Learning to Follow Directions." Scholastic.

Montessori, Maria. 1948. *The Discovery of the Child*. Madras, India: Kalakshetra Press.

Montessorium. 2015. "Sandpaper Letters."

Parten, Mildred. 1932. "Social Participation among Preschool Children." *Journal of Abnormal and Social Psychology* 27(3): 243–269.

Piaget, Jean. 1952. *The Origins of Intelligence*. New York, NY: International Universities Press.

Pianta, Robert, Karen La Paro, and Bridget Hamre. 2008. *Pre-K–3 CLASS Manual*. Charlottesville, VA: Teachstone Training.

Reggio Children—International Center for the Defense and Promotion of the Rights and Potentials of All Children. n.d. "Atelier." Reggio Children—International Center for the Defense and Promotion of the Rights and Potentials of All Children.

Sanders, Steve. 2015. *Encouraging Physical Activity in Toddlers*. Lewisville, NC: Gryphon House.

Searcy, Angela. 2019. *PUSH PAST It! A Positive Approach to Challenging Classroom Behaviors*. Lewisville, NC: Gryphon House.

TeachingStrategies. 2010. *TeachingStrategies GOLD: Objectives for Development and Learning: Birth through Kindergarten*. Washington, DC: TeachingStrategies.

Welch, Ginger. 2019. *How Can I Help? A Teacher's Guide to Early Childhood Behavioral Health*. Lewisville, NC: Gryphon House.

Women's Bureau of the US Department of Labor. 1999. "The Women's Bureau, What It Is, What It Does." Women's Bureau of the US Department of Labor.